Selbst Riesen sind am Anfang klein …

Quellennachweis am Ende des Bandes

Printed in Germany 6 5 4 3 96 95
ISBN 3-7707-6348-3

Selbst Riesen sind am Anfang klein

Geschichten zum Vorlesen

Ausgewählt von Sabine Brügel-Fritzen
mit Bildern von Julia Wittkamp

Ellermann

Inhaltsverzeichnis

Ich bin ich und du bist du

Familiengeschichten zum Schmunzeln und Lachen

Der vergeßliche Löwe

Tiergeschichten zum Staunen und Wundern

Wir warten auf die Nacht

Schlummergeschichten zum Kuscheln und Träumen

Der verwandelte Schneemann

Jahreszeitengeschichten zum Nachdenken und Miterleben

Ich bin ich und du bist du

Familiengeschichten zum Schmunzeln und Lachen

Die Geschichte vom Reisekind

Einmal wollte eine große Familie verreisen: Mutter, Vater und vier Kinder. Sie haben auf dem Bahnsteig gestanden, und alle waren sehr aufgeregt. Am aufgeregtesten war das kleinste Kind.
Der Zug ist gekommen, und der Vater hat die Koffer genommen, die Mutter hat die Taschen genommen, und die großen Kinder haben den Korb mit den Butterbroten und das Netz mit den Apfelsinen und die Limonadenflasche und den Fotoapparat genommen. Das kleinste Kind sollte nur seinen Teddy tragen.
Der Zug hat gehalten. Die Leute, die angekommen waren, sind ausgestiegen. Jetzt wollte die Familie einsteigen. Aber das kleinste Kind war nicht mehr da!
Die großen Kinder sind gleich losgerannt und haben es überall gesucht: An der Treppe und beim Zeitungsverkäufer und am Schokoladenautomaten und hinter dem Gepäckwagen und sogar unter der Bank. Nirgendwo war das kleinste Kind.
Die Mutter hat alle Leute gefragt, und der Vater hat sogar den Lokomotivführer gefragt. Keiner hatte das kleinste Kind gesehen.
Da hat auf einmal jemand im Zug an die Fensterscheibe geklopft und gerufen: »Warum kommt ihr denn nicht?«
Das kleinste Kind war nämlich schon längst im Zug. Alle haben gelacht und sind schnell mit den vielen Sachen eingestiegen, und der Zug konnte endlich abfahren.

Der kleine Riese

Ein kleines Kind wollte wachsen, wachsen.
Bis über die Tannenbäume im Wald und noch mehr, es wollte so groß sein wie ein Riese!
Dann könnte das Kind über die Wolken gucken und in die ganze Welt.
Es hätte Schuhe an, so lang wie ein Schiff, und seine Arme reichten über den halben Himmel.
Es würde Vater und Mutter auf die starken Arme nehmen, so könnten auch sie die Welt sehen, das wäre schön.
Aber umarmen dürfte das Riesenkind seine Eltern nicht mehr. Das täte ihnen weh!
Und in sein kleines, warmes Bettchen würde es auch nicht mehr hineinpassen!
Da beschloß das Kind, lieber ganz langsam und leise zu wachsen, wie alle anderen Kinder auch.

Die Geschichte von dem kleinen Mädchen, das sich einen Brief wünschte

In einer kleinen Stadt, weit weg von hier, lebten einmal ein Mann und seine Frau. Sie hatten eine Tochter, die Sarah hieß. Sarah besaß viele schöne Dinge: ein Zimmer zum Schlafen, ein Gärtchen zum Spielen mit Beerensträuchern darin, einen Baum zum Hineinsteigen mit Vögeln darin, einen Hund

namens Jonathan für alle Tage,

Bücher für Regentage und schöne Abende, einen Drachen für windige Tage,

einen Kreisel, eine Puppenstube

und vieles mehr.

Als der Vater, der ein Kaufmann war, wieder einmal auf Reisen gehen mußte, sagte Sarah zu ihm: »Schreib mir einen Brief. Wenn du immer auf Reisen gehen mußt, schreib mir wenigstens einen Brief!«

Der Vater mochte nicht gern Briefe schreiben und sagte zu seiner Tochter: »Wünsch dir lieber eine Puppe oder eine Puppenstube, aber wünsch dir nicht einen Brief, weil ich nicht gern Briefe schreibe.«
Das Mädchen Sarah aber antwortete: »Ich habe schon viele Puppen, ich habe auch schon eine Puppenstube, einen Kreisel und einen Drachen. Nur einen Brief habe ich noch nicht, und darum will ich einen Brief von dir haben.«
Das sah der Vater ein, er versprach

seiner Tochter einen Brief, packte die Koffer und ging auf Reisen.
Kaum war der Vater abgefahren, setzte sich das Mädchen Sarah ans Fenster und wartete auf den Brief.
Wenn die Mutter zum Essen rief, sagte das Mädchen: »Bring mir das Essen zum Fenster, ich warte auf den Brief.«
Da brachte ihm die Mutter das Essen zum Fenster.
Und wenn die Mutter rief: »Es ist Zeit, ins Bett zu gehen«, sagte das Mädchen: »Ich kann nicht schlafen gehen, ich warte auf den Brief.«
Da antwortete ihm die Mutter: »Du kannst ruhig schlafen gehen, denn nachts schlafen auch die Briefe.«
Da ging das Mädchen ins Bett, doch sobald es hell wurde, saß es wieder am Fenster und wartete.
Sieben Tage und sieben Nächte wartete das Mädchen. Dann kam der Brief, und es war sehr glücklich. Die Mutter wollte den Brief öffnen, um Sarah vorzulesen, was in dem Brief geschrieben stand.
Aber Sarah wollte es nicht. Sie sagte: »Das ist mein Brief, und niemand darf ihn sehen.«

Pia backt Kuchen

Zuerst kommt Butter in die Schüssel, dann Zucker und Eier. Pia rührt immer rundherum. Hm, der Teig schmeckt schon sehr gut! Papa probiert. Mama probiert. Oma probiert. Und Purzel bekommt einen Teigklecks in sein Schälchen. So einen guten Kuchenteig hat er lange nicht geschleckt! Jetzt gibt Pia Mehl dazu und Milch, Rosinen und Nüsse. Pia strengt sich beim Rühren mächtig an. Sie muß noch einmal den Teig probieren. Oh, ist der gut! Pia fischt sich eine dicke Nuß heraus.
»Mama, koste auch mal«, ruft Pia. Da kommen Papa und Mama, Oma und Purzel angelaufen. Alle probieren sie den Teig. Danach ist die Schüssel leer.
»Macht nichts«, sagt Pia, »ich rühre einfach einen neuen Kuchen!«

Laura weiß was Wichtiges

Laura läuft zu ihrer Mama: »Ich muß dir was Wichtiges sagen!«
»Später, Schatz!« sagt Mama. Sie sucht gerade nach einem Buch und steht auf der Leiter. »Geh zu Papa!«
Laura läuft zu Papa: »Ich muß dir was Wichtiges sagen!«
»Später, Spatz!« sagt Papa. Er sitzt gerade in der Badewanne und wäscht sich den Kopf. »Geh zu Oma!«
Laura läuft zu Oma: »Ich muß dir was Wichtiges sagen!«
»Später, mein Liebling!« sagt Oma. Ihr ist gerade am Strickstrumpf eine Masche runtergefallen. »Geh zu Opa!«
Laura läuft zu Opa: »Ich muß dir was Wichtiges sagen!«
»Später, mein Goldkind!« sagt Opa. Er sitzt im Ohrensessel und liest die Zeitung. »Geh doch zu Katrin!«
Laura läuft zu ihrer Schwester: »Ich muß dir was Wichtiges sagen!«
»Verschwinde! Du störst!« zischt Katrin. Sie telefoniert gerade mit ihrem Freund. »Geh doch zu Moritz!«
Laura läuft zu ihrem Bruder: »Ich muß dir was Wichtiges sagen!«
»Laß mich in Ruhe!« knurrt Moritz. Er repariert gerade sein Fahrrad und sucht nach einer Schraube.
Laura läuft in ihr Zimmer und holt ihre Trompete. Sie stellt sich auf die Treppe und bläst, daß die Wände wackeln.
Da kommen sie alle gelaufen: Mama mit dem Buch, Papa mit Schaum auf dem Kopf, Oma mit dem Strickstrumpf, Opa mit der Zeitung. Sogar Katrin und Moritz tauchen auf.
»Spinnst du?« ruft Katrin.
»Du Nervensäge!« knurrt Moritz.
»Was ist denn los?« fragt Mama.
»Überschwemmung in der Küche!« sagt Laura. »Das Wasser läuft aus der Spülmaschine.«
»Warum hast du das denn nicht gleich gesagt!« rufen alle im Chor.

Sieben suchen sieben Sachen

Hast du meinen Ball gesehen?« fragt das Kind. »Er ist fortgehüpft.«
»Wenn es nur der Ball ist!« antwortet die Großmutter. »Ich laufe hinter meinem Schaukelstuhl her, der ist fortgeschaukelt. – Hilf mir suchen, dann suche ich auch nach deinem Ball.«
»Gut«, sagt das Kind. Und sie gehen alle zwei zur Tür hinaus.
Auf der Treppe schleicht die Katze vorbei.

»Habt ihr mein Wollknäuel gesehen?« fragt die Katze. »Es ist fortgerollt.«
»Wenn es nur das Wollknäuel ist! Wir laufen hinter dem Ball her und dem Schaukelstuhl. – Hilf uns suchen, dann suchen wir auch nach deinem Wollknäuel.«
»Gut«, sagt die Katze, und sie gehen alle drei die Treppe hinab.

Auf der Straße steht der lange Alex.
»Habt ihr meine Lokomotive gesehen?« fragt der lange Alex. »Sie ist fortgedampft.«
»Wenn es nur die Lokomotive ist! Wir laufen hinter dem Ball her und dem Schaukelstuhl und dem Wollknäuel. – Hilf uns suchen, dann suchen wir auch nach deiner Lokomotive.«
»Gut«, sagt der lange Alex. Und sie gehen alle vier die Straße entlang.
In einem Garten hockt der Igel.

»Habt ihr meine Schnecke gesehen?« fragt der Igel. »Ich will sie fressen, aber sie ist fortgekrochen.«
»Wenn es nur die Schnecke ist! Wir laufen hinter dem Ball her und dem Schaukelstuhl und dem Wollknäuel und der Lokomotive. – Hilf uns suchen, dann suchen wir auch nach deiner Schnecke.«

»Gut«, sagt der Igel.
Und sie gehen alle fünf zusammen weiter.
Aus dem Pferdestall läuft ihnen der Reiter entgegen.
»Habt ihr mein Pferd gesehen?« fragt der Reiter. »Es ist fortgetrabt.«
»Wenn es nur das Pferd ist! Wir laufen hinter dem Ball her und dem Schaukelstuhl und dem Wollknäuel und der Lokomotive und der Schnecke. – Hilf uns suchen, dann suchen wir auch nach deinem Pferd.«
»Gut«, sagt der Reiter. Und sie gehen alle sechs weiter und weiter, bis in den Wald.
Dort kommt die Bärenmutter angebrummt.
»Habt ihr meinen kleinen Bären gesehen?« fragt die Bärenmutter. »Er ist fortgerannt.«
»Wenn es nur der kleine Bär ist! Wir laufen hinter dem Ball her und dem Schaukelstuhl und dem Wollknäuel und der Lokomotive und der Schnecke und dem Pferd. – Hilf uns suchen, dann suchen wir auch nach deinem kleinen Bären.«
»Gut«, sagt die Bärenmutter.

Und sie setzen ihre Suche alle sieben fort.
Sie laufen und laufen, und schließlich kommen sie an eine Grube.
Und da? – Da sind alle miteinander drin:
der Ball, der fortgehüpft ist,

der Schaukelstuhl, der fortgeschaukelt ist,

das Wollknäuel, das fortgerollt ist,

die Lokomotive, die fortgedampft ist,

die Schnecke, die fortgekrochen ist,

das Pferd, das fortgetrabt ist,

der kleine Bär,
der fortgerannt ist.

Jetzt findet jeder, was er gesucht hat – nur der Igel nicht.
Denn die Schnecke hat sich versteckt, weil sie nicht aufgefressen werden will.

Die Geschichte vom Vater, der die Wand hoch ging

Ein Vater ärgerte sich oft über seinen Jungen, weil der ihm zu ängstlich war.
Der Junge hatte nämlich Angst vor fremden großen Hunden, er hatte Angst vor den beiden frechen Mädchen von nebenan, und er hatte Angst, wenn das Licht im Treppenhaus plötzlich ausging.
»Und so einer will mein Sohn sein!« rief der Vater. »Ich könnte die Wände raufgehen!«
Das tat er dann. Er ging vor Wut die Wand hoch.
Als er aber an die Zimmerdecke kam, fiel er vor Schreck wieder herunter.
Da oben saß nämlich eine Spinne.

Der Zauberer und sein Sohn

Der Zauberer Zenopax hatte einen Sohn, den kleinen Zeno. Der saß gern im Garten und blies Seifenblasen in die Luft. Er freute sich, wie die Seifenblasen in der Sonne glänzten, wie sie weit flogen oder – ping – wieder zerplatzten. Dem Zaubervater gefiel das nicht. Er sagte: »Es wird Zeit, daß du richtig zaubern lernst. Du vertrödelst die Tage mit diesem Seifenblasen-Spiel.«
Zeno wußte aber, so berühmt wie sein Vater würde er nicht werden. Solch großartige Kunststücke würde er niemals lernen. Er hatte nur Freude am Seifenblasen-Spiel und übte weiter, heimlich im Garten. Dabei lernte er eine Menge.
Eines Tages gab Zenopax eine Vorstellung in der großen Stadt München. Zeno fragte, ob er auch etwas vorführen dürfte.
Der Vater sagte: »Aber nur zum Schluß. Hoffentlich blamierst du dich nicht.«
Es waren eine Menge Leute gekommen. Sie staunten über den berühmten Zauberer Zenopax und klatschten wild.
Am Schluß sagte der Zauberer: »Jetzt wird mein Sohn etwas vorführen.«
Zeno kam auf die Bühne. Er hielt einen kleinen Bambusstab in der Hand.
»Ist das sein Zauberstock?« fragten sich die Leute.
Nein. Er tauchte den Stock in einen Topf. Er blies Seifenblasen damit: große buntschimmernde Kugeln und kleine silbrige Blasen, nicht größer als ein Hemdenknopf.

Die Kugeln und Blasen tanzten. Sie flogen im Kreis, in einer Reihe und in Zick-Zack-Linie. Wunderschön sah das aus!
Wenn eine Seifenblase zersprang, gab es einen leisen Ton. Wie von einem Glockenspiel.
»Dong-Dang« machten die großen Blasen. »Dingi-dingi-ding« die kleinen.
Die Leute hielten die Luft an. Sie wagten nicht, zu husten oder zu niesen.
Und weiter ging das Spiel: Aus manchen Blasen flogen Schmetterlinge auf und Blumen heraus. Rote Rosen, blaue Veilchen, weiße Margeriten.
»Oh!« und »Ah!« riefen die Leute. »Wie schön! Wie wunderbar!«
Immer mehr wollten sie sehen und hören.
Zeno blies mit runden Backen und spitzen Lippen. Dann war der Topf leergeblasen. Da gingen die Leute vergnügt nach Hause.
Der Zaubervater sagte: »Zeno, du bist ein tüchtiger Kerl!«
Und was sagte Zeno?
Gar nichts.
Er rührte einen neuen Topf mit Seifenwasser an.

Das Rübenziehen

Väterchen hat Rüben gesät. Er will eine Rübe herausziehen; er packt sie beim Schopf, er zieht und zieht und kann sie nicht herausziehen. Väterchen ruft Mütterchen: Mütterchen zieht Väterchen, Väterchen zieht die Rübe, sie ziehen und ziehen und können sie nicht herausziehen.
Kommt das Enkelchen: Enkelchen zieht Mütterchen, Mütterchen zieht Väterchen, Väterchen zieht die Rübe, sie ziehen und ziehen und können sie nicht herausziehen.
Kommt das Hündchen: Hündchen zieht Enkelchen, Enkelchen zieht Mütterchen, Mütterchen zieht Väterchen, Väterchen zieht die Rübe, sie ziehen und ziehen und können sie nicht herausziehen.
Kommt das Hühnchen: Hühnchen zieht Hündchen, Hündchen zieht Enkelchen, Enkelchen zieht Mütterchen, Mütterchen zieht Väterchen, Väterchen zieht die Rübe, sie ziehen und ziehen und können sie nicht herausziehen.
Kommt das Hähnchen: Hähnchen zieht Hühnchen, Hühnchen zieht Hündchen, Hündchen zieht Enkelchen, Enkelchen zieht Mütterchen, Mütterchen zieht Väterchen, Väterchen zieht die Rübe, sie ziehen und ziehen – schwupps, ist die Rübe heraus, und das Märchen ist aus!

Die Geschichte von den Rosinenbrötchen

Einmal hat der Vater zum Kind gesagt: »Bitte, lauf doch schnell für mich zur Post, und kauf mir dreißig Briefmarken.«
Und die Mutter hat gesagt: »Auf dem Rückweg kannst du beim Bäcker drei Rosinenbrötchen holen.«
Das Kind ist mit dem Geld fortgegangen. Es war gar nicht weit bis zur Post. Aber die anderen Kinder haben auf der Straße gespielt, und das Kind hat ihnen zugesehen und ein bißchen mitgespielt. Dann ist es zur Post gelaufen. Es hat drei Briefmarken gekauft, und dann hat es beim Bäcker dreißig Rosinenbrötchen geholt, zwei große Tüten voll, das Kind konnte sie kaum schleppen.
Der Vater hat gelacht und gerufen: »Jetzt muß ich Rosinenbrötchen auf meine Briefe kleben!«
Und die Mutter hat auch gelacht und schnell Kaffee gekocht, und sie haben Rosinenbrötchen gegessen, bis sie Bauchweh hatten.

Oma und ich

Morgens beim Aufwachen sind die Oma und ich zwei Höhlenmenschen.
Wir verkriechen uns unter Omas Zudecke. Wir kichern in der Dunkelheit und fürchten uns ein bißchen. Langsam kriegen wir Hunger. Wir lauern auf Beute. Aber da ist nur Max, mein Stoffelefant. Da stehen wir lieber zum Frühstück auf.
Auf dem Weg zum Kindergarten sind die Oma und ich zwei kleine Vögel. Heute Nacht war es so kalt in unserem Nest. Deshalb wollen wir nach Afrika fliegen. Wir schlagen kräftig mit unseren Flügeln. Der Weg ist sehr weit. Aber wir schaffen es doch. In Afrika gibt es viele Vögel.

Wenn die Oma mich vom Kindergarten abholt, ist sie ein wildes Pferd. Ich kann es nicht fangen. Das Pferd wiehert und trabt mir immer wieder davon. Ich bin müde und setze mich auf eine Mauer. Da kommt das Pferd zurück. Ich darf aufsteigen und nach Hause reiten. Manchmal streichele ich sein Fell. Mein Pferd ist jetzt ganz zahm.
An der Haustür treffen wir die Nachbarin. Sie will uns die Hand geben. Bestimmt weiß sie noch nicht, daß wir zwei wilde Löwen sind. Wir sträuben unsere Mähnen und brüllen den Wilde-Löwen-Begrüßungsschrei. Die Nachbarin rennt in ihre Wohnung. Sie fürchtet sich nämlich vor wilden Löwen.
Nach dem Mittagessen bin ich ein Ritter. Ich muß mit den anderen Rittern wegreiten. Das Ritterfräulein soll in der Burg bleiben und unseren Schatz bewachen. In der Tür bleibe ich noch einmal stehen. Vielleicht ist die Oma traurig, daß sie nicht mitdarf. Aber sie sagt, sie findet es toll, ein Ritterfräulein zu sein. Und den Schatz bewacht sie auch gern. Ich drücke das Ritter-

fräulein schnell noch einmal, dann galoppiere ich los.
Mein Bett ist unser Piratenschiff. Wir klettern von Backbord her über die Reling. Mit fürchterlichem Geschrei stürzen wir an Deck. Wir hissen unsere Piratenflagge und singen unser Piratenlied.
Dann geht der andere Pirat von Bord. Ich muß hierbleiben und das Schiff bewachen. Es ist dunkel und ein bißchen unheimlich. Ich rufe noch einmal. Die Oma macht das Licht an. So kann ich viel besser Wache halten.
In der Nacht weckt mich ein böser Traum. Ich darf zu meiner Oma ins Bett kommen. Sie nimmt meine Hand, bis die Angst weg ist. Es ist warm und gemütlich.
Ich bin ich.
Und die Oma ist einfach die Oma.
Und das gefällt mir auch.

Schnuppernasengesicht

Das Kind lief in den Wald hinaus, traf das Wildschwein an und sprach: »Meine Mutter ist heute traurig. Was soll ich machen?« Da sagte das Wildschwein: »Schnuppere mit der Nase wie ich«. Das Kind schnupperte.
Das Wildschwein lachte und sagte: »Geh heim und mach dieses Schnuppernasengesicht, dann wird die Mutter nicht mehr traurig sein.«
Das Kind wollte aber ganz sicher sein und lief zur Eule, die auf dem Baum saß und schlief.
Die Eule erwachte und sagte: »Blinzle mit den Augen wie ich.«

Das Kind blinzelte, schnupperte auch mit der Nase (damit es nicht aus der Übung kam).
Da lachte die Eule und sagte: »Geh heim und mach dieses Blinzelaugenschnuppernasengesicht, dann wird die Mutter nicht mehr traurig sein!«
Aber das Kind lief auch noch zum Hasen im Gebüsch. Der Hase sagte: »Wackle mit den Ohren wie ich.« Das Kind wackelte mit den Ohren, blinzelte mit den Augen und schnupperte mit der Nase.
Da lachte der Hase und sagte: »Geh heim und mach dieses Wackelohrenblinzelaugenschnuppernasengesicht, dann wird die Mutter nicht mehr traurig sein.«
Das hörte die Maus am Waldrand und sagte: »Spitz auch noch dein Mäulchen wie ich!« Das Kind spitzte seinen Mund, wackelte mit den Ohren, blinzelte mit den Augen, schnupperte mit der Nase.
Da lachte die Maus und sagte: »Geh heim und mach dieses Spitzmundwackelohrenblinzelaugenschnuppernasengesicht, dann wird die Mutter nicht mehr traurig sein!«
Das Kind lief über das Feld heim, stellte sich vor die Mutter hin und machte sein Spitzmundwackelohrenblinzelaugenschnuppernasengesicht.
Da lachte die Mutter, schloß das Kind in die Arme und sprach: »Ich lache auch, weil du ein Spitzmundwackelohrenblinzelaugenschnuppernasengesicht machst. Aber noch viel mehr, weil ich dich wieder habe.«

Der vergeßliche Löwe

Tiergeschichten zum Staunen und Wundern

Warum die Eisbären schwarze Nasen haben

Alle Eisbären sind weiß und leben in Eis und Schnee. Weit und breit ist nichts: kein Baum, kein Strauch, höchstens ein Eskimohaus, und das ist auch aus Schnee. Kein Wunder, daß es so einem Eisbären ab und zu langweilig wird. Dann macht er sich auf die Suche. Tagelang tapst er über endlos weite, weiße Flächen. Wohin er auch schaut: alles ringsum ist weiß. Doch irgendwann richtet sich der Eisbär plötzlich auf. Er hat einen schwarzen Punkt gesehen!
Der Eisbär läuft, läuft, der schwarze Punkt kommt immer näher, er wird größer. Und dann steht der Eisbär endlich einer Eisbärin gegenüber! Die beiden brüllen vor lauter Begeisterung.

Sie heben die mächtigen Tatzen und legen sie einander zärtlich auf die Schultern.
Dann wiegen sich die beiden Eisbären sanft, als hörten sie eine geheimnisvolle Musik.
Und die großen Köpfe gehen hin und her.
Und aus der Ferne sieht man mitten im Weiß zwei schwarze Nasen tanzen.

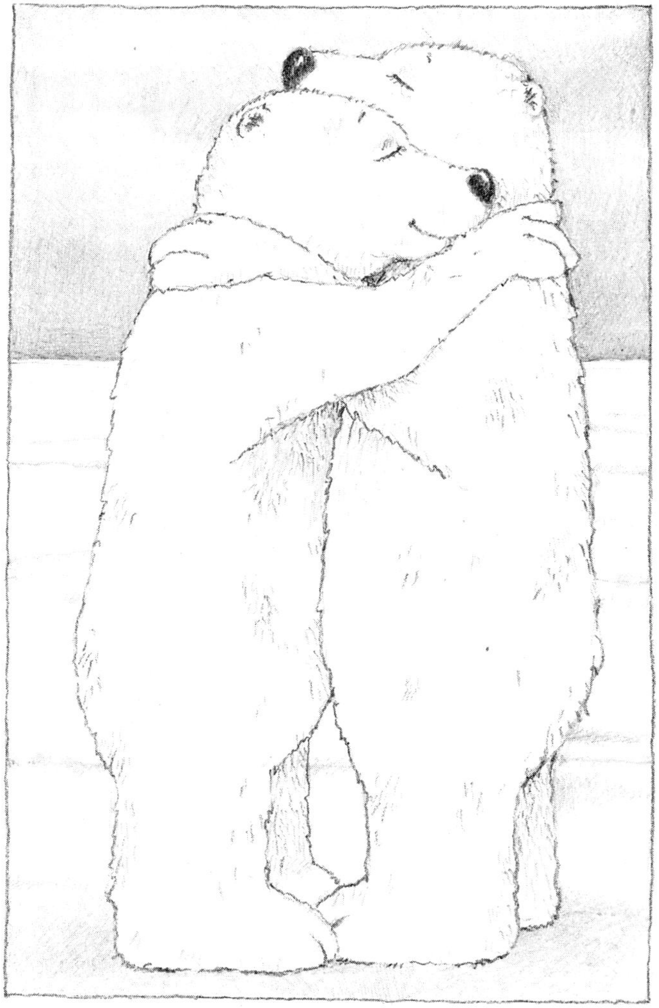

Die Geschichte von den Affen

Früher einmal hatten die Affen keine Schwänze.
Sie hatten Schwänze, aber das waren keine richtigen Schwänze, sondern Regenschirme. Bunte, schöne Regenschirme, zum Auf- und Zumachen.
Wenn es regnet, werden alle Tiere naß, nur die Affen nicht: Sie machen ihre Regenschirme auf und hocken sich darunter.
Wenn die Sonne brennt, dösen die Affen im Schatten, denn die Regenschirme konnte man auch als Sonnenschirme benützen.
Sie hatten es gut. Jeder Affe hatte seinen eigenen Regenschirm.
Aber weil die Affen in den Wäldern leben, und weil es in den Wäldern viele Bäume gibt, und weil die Bäume Äste haben, und weil die Affen dauernd von Ast zu Ast springen, sind ihnen die Regenschirme eingerissen, zuerst ein bißchen, dann immer mehr und waren nie mehr schön und neu.
Sie rissen und rissen ein, bis sie zum Schluß ganz zerfetzt waren.
Neue Regenschirme wollten den Affen nicht wachsen, so daß sie jetzt nur noch die Griffe hatten.
Selbstverständlich weinten die Affen. Es hat ihnen sehr leid getan.
Zuerst wußten sie nicht, was sie tun sollten, aber dann ist es ihnen eingefallen.
Sie klammerten sich mit diesen Griffen an die Äste und hängten sich, den Kopf nach unten, daran.
Das finden sie komisch, und darum lachen sie.

Die Geschichte vom Mäusekonzert

Die Stadtmäuse waren umgezogen. Das alte Haus, in dem sie gewohnt hatten, war abgerissen worden. Sie hatten es gut gehabt in dem alten Haus. Dort hatte es im Keller lauter gute Sachen zu knabbern gegeben: Kartoffeln, Äpfel und sogar Käse. Im Keller ihres neuen Hauses aber roch es nach Heizöl. Und zu nagen gab es nur ein paar alte Putzlappen.

Die Mäuse hatten Hunger. In der Nacht stiegen sie die Treppe hinauf in das nächste Stockwerk. Dort war das Lager eines Musikgeschäftes. Viele Musikinstrumente standen und lagen da herum: Klaviere, Geigen, Trompeten, Gitarren und Trommeln. Das waren

fremde Dinge für die Mäuse. Aber sie rochen appetitlich nach Stoff und Leder und Holz.
Die mutigste Maus kletterte an der Pauke hinauf. Sie trippelte suchend über das Fell. Ein paar andere Mäuse machten sich über die Geigen und Gitarren her. Gierig nagten sie an den Saiten.
Eine Maus turnte auf das Klavier. Sie lief über die Tasten.

Eine andere Maus war an der Baßgeige hochgestiegen und zerrte an den dicken Saiten.

Zwei Mäuse hatten auf einem Regal einen Stoß Notenhefte entdeckt. Sie pfiffen vor Vergnügen.

Die Geigen und Gitarren zirpten in allen Tönen. Die Baßgeige summte. Das Klavier schlug an. Und die Pauke rollte.
Es war ein richtiges Konzert.
Da bekamen die beiden Mäuse auf dem Regal Streit miteinander. Die eine gab der anderen einen Stoß. Und die Maus fiel vom Regal herunter und gerade auf die Pauke.
»Bumm«, tönte es durch den Raum.
Erschrocken fuhren die Mäuse auseinander. Die Maus auf der Baßgeige sauste eilig auf den Saiten hinunter wie auf einer Rutschbahn. Sie huschten zur Treppe und in den Keller hinab. Das Konzert war vorbei. Nur die dicke Baßgeige summte noch eine Zeitlang.

Drei Kätzchen

Es waren einmal drei Kätzchen – ein schwarzes, ein weißes und ein graues, die erspähten eine Maus und rannten ihr nach.

Die Maus sprang in eine Mehldose, die Kätzchen hinterdrein.

Die Maus entwischte, und aus der Mehldose kletterten drei weiße Kätzchen.

Drei weiße Kätzchen sahen einen Frosch auf dem Hofe sitzen und rannten ihm nach. Der Frosch hüpfte in ein altes Ofenrohr, die Kätzchen hinterdrein. Der Frosch entsprang, und aus dem Rohr krochen drei schwarze Kätzchen.

Drei schwarze Kätzchen sahen einen Fisch im Teich schwimmen und sprangen hinterdrein. Der Fisch schwamm davon, und aus dem Wasser tauchten drei nasse Kätzchen.

Drei nasse Kätzchen schlichen heimwärts. Unterwegs trocknete ihr Fell, und sie wurden, was sie vorher gewesen waren:
ein schwarzes, ein weißes
und ein graues
Kätzchen.

Katze und Mann im Baum

Ein Mann hatte einen Kater namens Hubertus, den er sehr gern mochte. Einmal mußte er wegen dieses Tieres eine Nacht hoch oben in einem Baum verbringen. Und das kam so:
Auf dem Nachhauseweg vom Tierarzt war der verschreckte Kater auf einen Baum geflüchtet. Der Mann kletterte seinem Hubertus bis in den Wipfel nach, um ihn herunterzuholen. Aber erst ganz oben bemerkte er, daß ihm der Mut fehlte, wieder hinabzusteigen. Dem Kater ging es ebenso; deshalb mußten Hubertus und der Mann gemeinsam eine lange Nacht in dem Baum verbringen. Erst am nächsten Morgen entdeckten Nachbarn die beiden und riefen die Feuerwehr, weil ihre eigenen Leitern nicht hoch genug hinaufreichten.
Als der Mann wieder auf festem Boden stand, war er ganz bleich im Gesicht; Hubertus aber schlief friedlich in seinen Armen.
So hoch hinauf kann einen die Tierliebe tragen.

Warum die Enten so breite Schnäbel haben

Wenn die Ixebixe nicht gewesen wäre, hätten die Enten noch ein Schnäbelein, wie die Amseln, so fein. Aber nein. Ixebixe konnte es nicht lassen. Ixebixe, die kecke, kleine Wassernixe mit dem Himmelfahrtsnäschen. Ixebixe im Ententeich.

Wie oft hatte Papa Bonifax, der Wassermann, schon gequakst! Und heute quakste er wieder: »Ixebixe, mach dir aus dem grünen Schlangendingsda mit den weißen Blumen eine schöne Kette!

Oder spiel Fangen mit den netten, fetten Kulleraugenkarpfen!

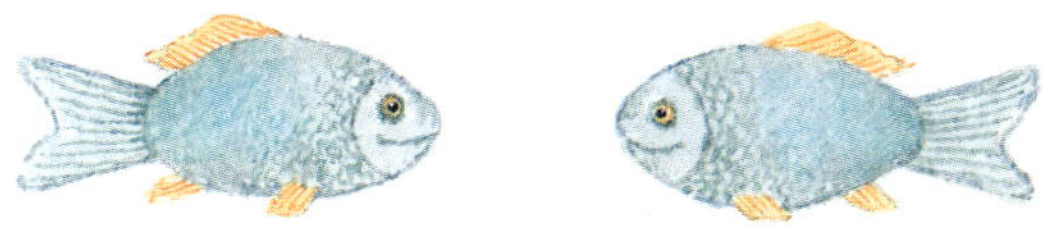

Aber zieh nicht wieder die Enten an den Zehen! Die Enten mögen das gar nicht! Und ihre Zehen sind schon ganz flach geworden!«
»Ich werde es gewiß nie wieder tun!« gickste Ixebixe.
Aber was war? Keine Woche verging. Keine sechs Tage vergingen. Fünf Tage vergehen. Da sieht Ixebixe, als sie unten im Wasser schwimmt und nach oben guckt, alle Enten des Ententeichs versammelt. Eine Ente hatte Geburtstag, und da waren alle anderen gekommen, um zur Feier des Tages ein gemütliches Schwätzchen zu halten. Da sitzen sie nun alle auf dem Wasser, plaudern und lassen die Beine nach unten baumeln und denken an nichts Arges.
Doch was tut Ixebixe, die kecke kleine Wassernixe mit dem Himmelfahrtsnäschen? Sie schwimmt hinauf, heimlich und leise, und zieht geschwind die ahnungslosen Enten an den Zehen!

Das war ein Ui! Das war eine Empörung!
Die erste Ente rief: »Unglaublich! Mir fehlen die Worte!«
Die zweite Ente rief: »Diese Schlimme! Sie war's wieder!«
Die dritte Ente rief: »Das sollst du, Ixebixe, büßen!«
Das riefen sie natürlich nicht schön der Reihe nach, sondern alle zugleich. Es hörte sich daher so an: »Unglaublich diese das mir Schlimme sollst fehlen sie du die war's Ixebixe Worte wieder büßen!!!«
Die erste Ente hatte behauptet, ihr fehlten die Worte. Das hatte sie nur so gesagt. In Wirklichkeit fehlten ihr die Worte ganz und gar nicht. Nein, ihr fiel in einem fort Neues über die kecke, kleine Ixebixe ein. Und auch alle anderen Enten hörten nicht auf, über Ixebixe zu schimpfen. Und sie schimpften so lange, bis sie alle ganz breite Schnäbel hatten.

Die kleine rote Henne und die Weizenkörner

Als die kleine rote Henne nach Futter scharrte, fand sie eines Tages ein paar Weizenkörner.
»Wer will den Weizen säen?« fragte sie.
»Ich nicht«, sagte die Ente.

»Ich nicht«, sagte der Hund.

»Ich auch nicht«, sagte die Katze.

»Nun gut«, sagte die kleine rote Henne, »dann werde ich es tun.«
Und sie säte die Weizenkörner aus.

Nach geraumer Zeit stand der Weizen hoch und war reif.
»Wer will den Weizen schneiden?« fragte die kleine rote Henne.
»Ich nicht«, sagte die Ente.
»Ich nicht«, sagte der Hund.
»Ich auch nicht«, sagte die Katze.
»Nun gut«, sagte die kleine rote Henne, »dann werde ich es tun.«
Und sie schnitt den Weizen.

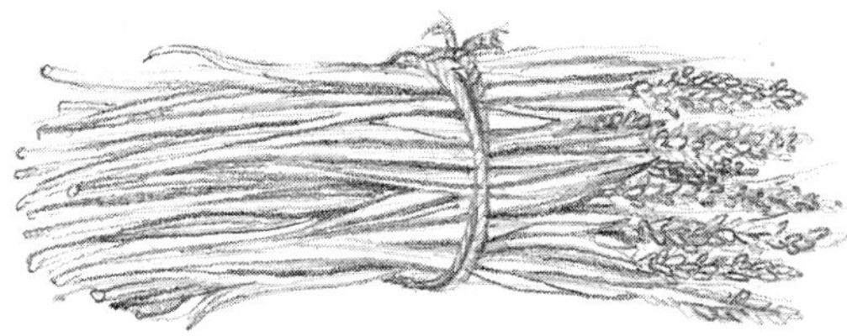

Dann fragte die kleine rote Henne: »Wer will nun den Weizen dreschen?«
»Ich nicht«, sagte die Ente.
»Ich nicht«, sagte der Hund.
»Ich auch nicht«, sagte die Katze.
»Nun gut, dann werde ich es tun«, sagte die kleine rote Henne und drosch den Weizen.
Als der Weizen gedroschen war, fragte sie: »Wer will den Weizen zur Mühle bringen und zu Mehl mahlen?«
»Ich nicht«, sagte die Ente.
»Ich nicht«, sagte der Hund.
»Ich auch nicht«, sagte die Katze.
»Nun gut, dann werde ich es tun«, sagte die kleine rote Henne und ging zur Mühle.
Als der Weizen zu Mehl vermahlen war, fragte sie: »Wer will Brot backen?«
»Ich nicht«, sagte die Ente.
»Ich nicht«, sagte der Hund.
»Ich auch nicht«, sagte die Katze.
»Nun gut, dann werde ich es tun«, sagte die kleine rote Henne und backte ein knuspriges Brot.
»Wer möchte Brot haben?« fragte sie dann.
»Oh, ich!« rief die Ente.
»Oh, ich!« rief der Hund.
»Oh, ich auch!« rief die Katze.
»Oh, nein, keiner von euch«, sagte die kleine rote Henne; sie lockte ihre Küken herbei und teilte mit ihnen das Brot.

Das Häschen und die Rübe

Felder und Hügel waren mit hohem Schnee bedeckt, und Häschen hatte nichts zu essen. Da ging es fort, um Futter zu suchen.
Es fand zwei gelbe Rüben.

Häschen aß eine Rübe und sagte: »Es schneit so sehr, und es ist so bitter kalt. Gewiß hat Eselchen nichts zu essen. Ich will ihm die Rübe bringen.«
Sofort lief Häschen zu Eselchens Haus. Aber Eselchen war nicht zu sehen.
Häschen legte die Rübe hin und hoppelte fort.
Auch Eselchen war ausgegangen, um Futter zu suchen.
Es fand ein paar Kartoffeln und ging zufrieden nach Hause.

Als es an die Tür kam, sah es die Rübe. Woher mag diese Rübe sein? Eselchen wunderte sich.
Dann aß es seine Kartoffeln und sagte: »Es schneit so sehr, und es ist so bitter kalt. Gewiß hat Lämmchen nichts zu essen. Es soll die Rübe bekommen.«
Eselchen rollte die Rübe zu Lämmchens Haus. Aber Lämmchen war nicht da.
Behutsam legte Eselchen die Rübe hin und ging wieder fort.
Auch Lämmchen war ausgegangen, um Futter zu suchen.
Es fand einen Kohlkopf und ging zufrieden nach Hause.

Als es in seine Wohnung kam, sah es die Rübe.
Woher mag diese Rübe sein? Lämmchen wunderte sich.
Dann aß es den Kohlkopf und sagte: »Es schneit so sehr, und es ist so bitter kalt. Gewiß hat Rehlein nichts zu essen. Ich will ihm die Rübe bringen.«
Lämmchen nahm die Rübe und trug sie zu Rehleins Haus. Aber das Haus war leer. Lämmchen legte Rehlein die Rübe hin und lief schnell wieder fort.
Auch Rehlein war ausgegangen, um Futter zu suchen.
Es fand grüne Blätter und ging zufrieden nach Hause. Als es an die Tür kam, sah es die Rübe. Woher mag diese Rübe sein? Rehlein wunderte sich.

Dann aß es die grünen Blätter und sagte: »Es schneit so sehr, und es ist so bitter kalt. Gewiß hat Häschen nichts zu essen. Ich werde Häschen die schöne gelbe Rübe schenken.«
Und gleich lief Rehlein zu Häschens Haus.
Aber Häschen hatte sich sattgegessen, war zu Bett gegangen und schlief.

Rehlein wollte es nicht wecken und rollte die Rübe leise durch die Tür hinein.
Als Häschen erwachte, rieb es sich verwundert die Augen: Die Rübe war wieder da!
Es überlegte einen Augenblick, dann sagte es: »Gewiß hat mir ein guter Freund diese Rübe gebracht!« Dann aß es die Rübe auf. Sie schmeckte sehr gut.

Der kleine Bär fliegt zum Mond

Ich habe einen neuen Fliegerhelm. Ich fliege los zum Mond«, sagte der kleine Bär zu Mutter Bär.
»Fliegen?« sagte Mutter Bär. »Du kannst nicht fliegen.«
»Vögel fliegen doch auch«, sagte der kleine Bär.
»O ja«, sagte Mutter Bär, »das tun sie. Aber sie fliegen nicht bis zum Mond. Und du bist kein Vogel.«
»Vielleicht fliegen manche Vögel doch bis zum Mond, wer weiß. Und vielleicht kann ich fliegen wie ein Vogel«, sagte der kleine Bär.
»Nur vielleicht«, sagte Mutter Bär. »Du bist ein kleiner dicker Bär und hast keine Flügel und keine Federn. Vielleicht plumpst du recht schnell wieder herunter, wenn du losfliegst.«
»Vielleicht«, sagte der kleine Bär. »Aber jetzt muß ich gehen. Wenn du mich suchst, bin ich dort oben am Himmel.«
»Komm aber heim zum Mittagessen«, sagte Mutter Bär.
Der kleine Bär dachte: ›Ich will irgendwo hinaufklettern, und dann mache ich einen Sprung hoch hinauf in den Himmel und fliege weit, weit, weit. So schnell fliege ich dann, daß ich nichts mehr sehen kann. Darum mache ich die Augen zu.‹
Der kleine Bär kletterte auf einen Hügel, und oben auf dem Hügel kletterte er auf einen Baum, und oben auf dem Baum machte er die Augen zu und sprang los.

Plumps! fiel er auf den Boden und rollte den ganzen Hügel hinunter. Dann setzte er sich auf und schaute umher.
»So, so«, sagte er. »Jetzt bin ich also auf dem Mond. Der Mond sieht ja genau so aus wie die Erde.«
»Schön, schön«, sagte der kleine Bär. »Die Bäume hier sehen aus wie Erdenbäume. Und die Vögel wie Erdenvögel.«
»Und sieh einmal da«, sagte er, »das ist ja ein Haus, das sieht genau so aus wie mein Haus. Ich will einmal nachsehen, wer hier wohnt.«
»Und sieh einmal da«, sagte der kleine Bär, »da ist etwas zu essen auf dem Tisch. Gerade ein gutes Mittagessen für einen kleinen Bären.«

Da kam Mutter Bär herein und sagte: »Aber wer ist denn das? Bist du vielleicht ein Bär von der Erde?«
»Ja, das bin ich«, sagte der kleine Bär. »Ich bin auf einen kleinen Hügel geklettert und bin von einem Baum gesprungen und hierhergeflogen genau wie ein Vogel.«
»So, so«, sagte Mutter Bär. »Mein kleiner Bär hat genau das gleiche getan. Er hat den Fliegerhelm aufgesetzt und ist zur Erde geflogen. Komm, iß du sein Mittagessen.«

Da schlang der kleine Bär seine Arme um Mutter Bär. Er sagte: »Mutter Bär, du machst ja nur Spaß. Du bist meine Mutter Bär, und ich bin dein kleiner Bär, und wir sind auf der Erde, das weißt du doch genau. Kann ich jetzt mein Mittagessen haben?«

Die Geschichte Rosa

Ein Rabe, schwarz wie die Nacht, hatte nichts Besonderes vor, flog dahin und dorthin und kam schließlich in den Tiergarten. Dort fand er eine rosa Feder. Sie stammte wahrscheinlich von einem Papagei oder einem Flamingo.

Dem Raben war es aber gleich, woher die Feder kam. Er hielt sie für ein Geschenk des Himmels, eigens an ihn abgesandt, und er steckte die Feder an seine schwarze Brust.
»Nun bin ich ein Wundervogel, ein Märchenvogel! Jetzt bin ich der Rabe Rosa«, sagte der Schwarze stolz zu sich selbst und flog ein Stückchen weiter.

Da es aber eben Samstagnachmittag war, kam er an einem Fußballfeld vorbei, auf dem Fußballspieler nach dem Ball rannten, und Zuschauer schrien, und es ging heiß hin und her. Von den Fußballspielern hatten einige schwarze Hosen und rosa Hemden an.

»Das sind meine Leute«, sagte der Rabe. »Fast so hübsch wie ich, denen muß ich beistehen.« Und er setzte sich auf den Torpfosten. Zuerst wollte der Torhüter gar nicht zu ihm heraufschauen, aber dann sprach ihn der Rabe Rosa an: »Hör mal, ich gehöre zu euch, ich bin der Rabe Rosa. Hast du so was schon mal gesehen, einen rosa Raben? Ich bringe euch bestimmt Glück.«
Da blickte der Torhüter nur einen Augenblick hoch, aber schon der Augenblick war zu lang, denn genau in der Sekunde hatte einer der Spieler mit grüner Hose und gelbem Hemd erkannt, daß der Torhüter nicht aufpaßte. Und bums! war schon der Ball im Tor.
»Siehst du, ich habe es dir ja gleich gesagt, daß ich euch Glück bringe«, krächzte der Rabe Rosa. »Einen Ball hast du schon gewonnen, gib ihn nur nicht wieder her!«
Während alle Zuschauer schrien, die Fußballspieler mit den Armen fuchtelten und der Torhüter auf dem Boden lag und vor Freude mit den Fäusten auf den Boden einschlug, stieg der Rabe Rosa hoch in die Luft empor und krächzte: »Na, na! macht doch nicht solch ein Getue, Rosa hat es ja gern für euch getan!«

Die Geschichte vom Hasen mit den großen Ohren

Einmal hatte ein kleiner Hase ganz riesengroße Ohren. Die anderen Hasen haben ihn ausgelacht. Sie haben gesagt: »Du hast ja viel zu große Ohren! Das ist häßlich.« Und der kleine Hase war traurig.

Er hat gesagt: »Ich wachse doch noch, und vielleicht wachsen meine Ohren nicht mit. Dann sind sie nicht mehr zu groß.«
Der kleine Hase ist auch wirklich noch gewachsen, aber seine Ohren sind immer mitgewachsen! Die anderen Hasen haben gesagt: »Du bist immer noch ein häßlicher Große-Ohren-Hase!«
Und der Hase war noch trauriger, weil das Wachsen nicht geholfen hatte. Aber er konnte mit seinen großen Ohren viel besser hören als die anderen Hasen. Er konnte die Käfer trapsen hören, und er konnte sogar eine Vogelfeder fallen hören!
Einmal waren alle Hasen im Kleefeld, und der Jäger ist mit dem Hund gekommen. Der Jäger war noch weit weg, aber der Hase mit den großen Ohren hat ihn doch schon gehört. Er hat ganz schnell mit seinen großen Ohren gewackelt, er hat sie wie ein Windrädchen immer um und um gedreht. Das haben die anderen Hasen gesehen, und alle sind schnell in den Wald gesprungen. Der Jäger hat sie nicht gefunden.
Da haben die anderen Hasen zum Große-Ohren-Hasen gesagt: »Wie gut, daß du so große Ohren hast! Sie sehen eigentlich auch gar nicht häßlich aus.« Da war der Hase mit den großen Ohren aber froh!

Der vergeßliche Löwe

Es war einmal ein Löwe, der war sehr alt und ein bißchen vergeßlich geworden. Er vergaß seine Brille und seinen Regenschirm. Er wußte nicht, ob Dienstag oder Mittwoch war. Er fand den Weg nicht, den man ihm genau beschrieben hatte. Manchmal fielen ihm die Namen der Leute nicht ein, die er traf. »Guten Tag, Herr... äh Giraffe!« sagte er dann schnell, nachdem er sich erinnerte, daß nur einer einen so langen Hals hatte. Oder er sagte zum Zebra Fräulein Nilpferd. Dann wurde es mit seiner Vergeßlichkeit immer schlimmer.
Er vergaß, daß er um vier mit dem Nashorn am Wasserloch verabredet war und daß er am Abend mit den kleinen Löwen am Fluß schwimmen wollte. Er vergaß, wenn einer Geburtstag hatte und erzählte alle Geschichten mehrmals, als seien sie ganz neu.
Die anderen Löwen lachten den alten Löwen wegen seiner Vergeßlichkeit aus. Darüber war der alte Löwe sehr traurig. Aber so sehr er sich auch anstrengte, er konnte sich einfach nichts mehr merken.
Eines Tages vergaß er sogar, daß er ein Löwe war. Er kletterte auf eine Palme.
»Was machst du da oben?« riefen die Löwenkinder.
»Ich baue ein Nest«, antwortete der Löwe.
»Wenn du ein Nest baust, dann bist du ein Vogel. Und wenn du ein Vogel bist, dann kannst du fliegen!« spotteten die Löwenkinder.
Da breitete der alte Löwe die Flügel aus und flog davon. Er flog und flog.
Bis hinauf zu den Sternen.

Wir warten auf die Nacht

Schlummergeschichten zum Träumen und Einschlafen

Das blaue Kuschelkissen

Auf der Wiese liegt ein blaues Kuschelkissen. Es liegt im Gras und friert.
»Kommt denn keiner, der seine weiche Backe an mich kuschelt?« fragt das Kissen.
TRABTERAB – da kommt ein Pferd getrabt und legt sich auf das Kissen.
»Oh!« ruft das Kissen. »Du bist aber schwer. Lauf wieder fort!«
Da läuft das Pferd – TRABTERAB – wieder fort.
Muhu – da kommt eine Kuh getrottet und legt sich auf das Kissen.
»Oh!« ruft das Kissen. »Du bist aber dick. Lauf wieder fort!«
Da trottet die Kuh – MUHU – wieder fort.
GRUNZRUNZ – da kommt ein Schwein gesaust und legt sich auf das Kissen.
»Igitt!« ruft das Kissen. »Du bist aber schmutzig. Lauf wieder fort!«

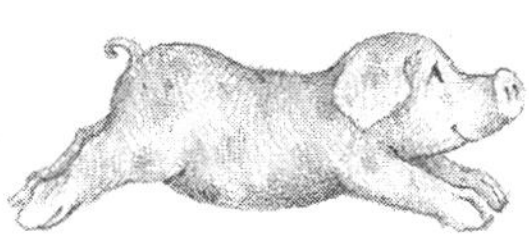

Da saust das Schwein – GRUNZRUNZ – wieder fort.
DAGDAG – da kommt ein Hühnchen geflattert und legt sich auf das Kissen.
»Oh!« ruft das Kissen. »Du bist aber laut. Lauf wieder fort!«
Da flattert das Huhn – DAGDAG – wieder fort.
MIJAU – da kommt eine Katze geschlichen und legt sich auf das Kissen.
»Au!« schreit das Kissen. »Du kratzt mich ja. Lauf wieder fort!«
WOFF-WOFF – da kommt ein Hund gerannt, der will mit dem Kissen balgen.
»Au!« schreit das Kissen. »Du zerreißt mich ja. Lauf wieder fort!«
Da rennt der Hund – WOFF-WOFF – wieder fort.
HALLIHALLO – da kommt Katrin gesprungen. Sie legt ihre Backe an das Kuschelkissen.
»Ei!« ruft das Kissen. »Du bist aber lieb. Bleib hier!«
Da schlafen sie alle beide ein: RRR-SCH-RRR-SCH.
Dann kommt die Mutter und trägt sie ins Bett. Da schlafen sie weiter – RRR-SCH-RRR-SCH – bis morgen früh. Gute Nacht!

Die Geschichte von der Nacht-Ente

Einmal wollte eine Ente wissen, wie die Nacht ist. Sie ist am Abend einfach nicht mit den anderen Enten in den Stall gegangen, sie hat sich auf die Wiese gesetzt, und sie hat zugesehen, wie es immer dunkler geworden ist. Die Sonne ist untergegangen, und die Sterne sind gekommen. Das war sehr schön, und die Ente hat gestaunt über die Sterne. Aber dann ist es noch dunkler und immer noch dunkler geworden, und der Himmel war so riesengroß, und die Ente auf der Wiese war so klein. Und auf einmal war auch der Mond da, ganz langsam ist er hinter den Bergen heraufgekommen. Da ist die kleine Ente erschrocken. Sie wollte weglaufen vor dem Mond, aber der Mond war überall. Sie hat die Augen zugemacht, aber der Mond war immer noch da. Die Ente ist schnell zum Stall gelaufen, und sie hat laut geschrien: »Maak! Maak! Maak!«

Da ist die Frau gekommen, sie hat gelacht, und sie hat die Ente in den Stall geholt.

Die Geschichte vom Wintermond

Vor langer Zeit leuchtete der Mond in der Nacht ganz alleine am Himmel. Um ihn herum war alles schwarz und dunkel. Es war kein einziger Stern zu sehen, weil es nämlich noch keinen gab.
In einer Dezembernacht aber war es draußen einmal bitterkalt, so eisigkalt, wie es schon seit langem nicht mehr war. Die Leute in den Häusern heizten ihre Öfen besonders fest ein, denn sie wollten nicht frieren. Kein Mensch und kein Hund und keine Katze wollten in dieser Nacht mehr auf die Straße gehen, so entsetzlich kalt war es draußen.
Es ist klar, daß bei dieser Kälte auch der Mond zu frieren anfing und sich stark erkältete. Plötzlich kitzelte es in seiner Nase. Er konnte sich nicht mehr halten und fing fürchterlich zu niesen an. Da spritzten aus seiner leuchtenden Nase hundert kleine Lichtfunken. Aber der Mond konnte noch nicht zu niesen aufhören. Er nieste mindestens noch zehntausendmal und jedesmal spritzten mindestens hundert kleine Lichtfunken aus seiner leuchtenden Nase über den weiten, schwarzen Himmel und begannen, hell zu blinken.
In der nächsten Nacht sahen die Menschen Millionen von Lichtpunkten am Himmel. Sie nannten sie Sterne. Bis heute haben sie nicht zu leuchten aufgehört.

Der Polarbär reißt aus

Es war einmal ein Polarbär«, begann der große Bär. »Der lebte am Nordpol. Dort ist es im Sommer den ganzen Tag hell, weil die Sonne nicht untergeht. Da haben die kleinen Bären viel Zeit zum Spielen.«
»Was spielen sie denn?« wollte der kleine Bär wissen.

»Sie graben Löcher ins Eis und fischen. Sie bauen Schneehöhlen, um sich zu verstecken. Sie klettern auf die sieben großen Schneeberge und rutschen wieder herunter. Sie polieren das Eis spiegelglatt und spielen mit Eisstückchen Hockey.«
»Die haben's gut!« seufzte der kleine Bär.

»Aber wenn der Winter kommt, dann ist es den ganzen Tag dunkel, weil die Sonne nicht aufgeht.
Da wurde es einem der kleinen Polarbären einmal langweilig. Seeehr langweilig.
Und weißt du, was er gemacht hat? Er ist auf den höchsten der sieben Eisberge geklettert. Bis er an den Himmel kam. Da ist er die Milchstraße entlanggelaufen und von Stern zu Stern gesprungen. Manchmal blieb er auch stehen und hat sich die Welt von oben angeguckt.
Seine Mutter hat ihn inzwischen überall gesucht. Als der Mond aufging, entdeckte sie seine Fußspuren am Himmel. Sie ist ihm nachgelaufen und hat ihn wieder zurückgeholt. Aus den Fußstapfen des kleinen und des großen Bären sind Sterne geworden. Man kann sie heute noch am Himmel sehen, und sie heißen überall in der Welt: der Große Bär und der Kleine Bär.«
»Das war eine hübsche Geschichte«, sagte der kleine Bär. Und dann lief er ans Fenster, um nach den Sternbildern am Himmel zu suchen.

Familie Hase wollte sich soeben zu Bett begeben, weil es nun doch dunkel im Wald wurde und der alte gute Mond noch nicht aufgegangen war. Da bemerkte Frau Häsin, daß Matten, ihr jüngstes Söhnchen, fehlte. »Wo mag denn wieder der Matten stecken?« sagte sie vor sich hin und hüpfte noch einmal vor die Tür des Baues, um auf den Nachzügler zu warten. Da sah sie ihn schon angerast kommen, daß ihm die langen Ohren wie toll rechts und links um den Kopf flogen. Im ersten Schreck trat die Mutter in den Bau zurück; denn sie dachte, der Jäger sei hinter dem Jungen her; aber als Matten ihr zurief: »Mutter, was ich gesehen habe!«, kam sie neugierig wieder heraus, und hinter ihr drängte sich die ganze Familie. Außer Atem erzählte Matten: »Wißt ihr, vor dem Walde hier ist doch ein Zirkus; da habe ich durch einen Ritz in das Innere des Zeltes geschaut, und was, meint ihr, habe ich da gesehen? Einen kleinen Jungen in ganz buntem Anzug – Clown nannten sie ihn – der stand auf dem Kopf! Das sah zu komisch aus, und das muß ich auch lernen!«

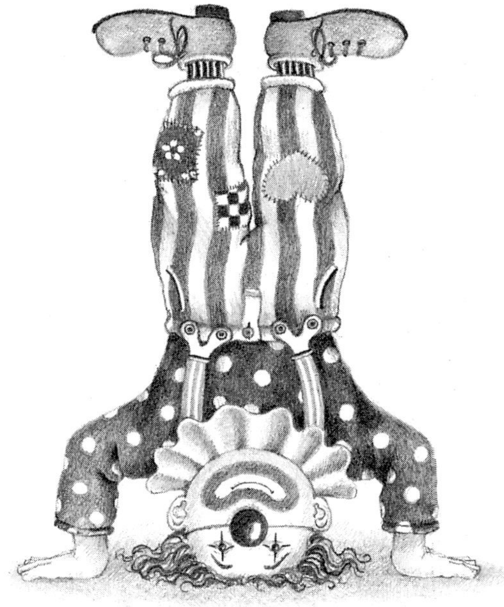

»Aber jetzt doch nicht«, wandte die Häsin ein, »es ist höchste Zeit, schlafen zu gehen!«
»Ich kann doch nicht schlafen, ehe ich nicht Kopfstehen gelernt habe«, antwortete Matten ganz eigensinnig, »geht nur immer vor, schwer kann's ja nicht sein; ich komme dann gleich nach!« Und richtig, gleich fing er an, das Kopfstehen zu versuchen. Vorsichtig ließ er einen Hinterlauf vom Boden los und drückte den Kopf ins Moos; sowie er aber den zweiten

Hinterlauf hochhob: pardauz! wälzte er sich am Boden. Seine Geschwister brachen in hellen Jubel aus; und selbst die ernste Frau Häsin konnte ein Lächeln nicht unterdrücken. Dadurch ließ sich Matten aber durchaus nicht irre machen; immer wieder versuchte er, und immer wieder purzelte er um, zur großen Freude der ganzen Hasenfamilie. Als ihm die schwere Übung etwa zum dreizehnten Male mißlungen war, wurde die Mutter ungeduldig und sagte: »Junge, so schwer kann doch die Sache nicht sein. Paß auf, ich will's dir vormachen!« Ja, Kuchen! Sobald sie den zweiten Hinterlauf freiließ: bums! lag sie auf der Nase.

»Siehst du, Mutter«, rief Matten, »das ist gar nicht so leicht!«

»Aber das muß man doch herausbekommen«, meinte Frau Hase, die sich nicht gern von ihren Kindern auslachen lassen wollte. Und wieder versuchte sie, und auch ihre übrigen Kinder fingen an zu üben, allerdings jedesmal mit demselben Erfolg, der sie durchaus nicht befriedigte, sondern immer zu neuen Taten anspornte.

»Quak, quak, was ist denn hier los?« rief da plötzlich vom nahen Teiche her Herr Brex, der Frosch, der mit seiner Gattin Quakeline gerade seinen Abendspazierhops antreten wollte.

»Wir üben Kopfstehen«, erwiderte Matten, ohne sich in seinen Bemühungen stören zu lassen.

»Na, das kann doch nicht so schwer sein«, meinte Brex und kam mit Quakeline angehüpft. Wahrhaftig, auch er versuchte die schwere Sache, und ihm, wie seiner Frau, erging es wie den übrigen.
»Guten Abend beieinander!« ließ sich da Onkel Maulwurf vernehmen, der sich eben aus seinem Hause an die Erdoberfläche grub; »was fehlt euch denn?« Und er setzte seine Brille auf; denn er konnte schlecht sehen.
»Wir versuchen, Kopf zu stehen«, erwiderte Brex. »I du mein Gott!« rief der Maulwurf, »das muß doch ganz einfach sein.« Bauz! lag er auch schon auf dem Rücken; denn er hatte es auch versucht.
»Sagt mal, was macht ihr denn da?« klang jetzt die Stimme von Reineke Rotfuchs, der auf der Jagd nach einer fetten Henne war. Und als er erfahren hatte, weswegen sich die Tiere alle lachend und jauchzend am Boden wälzten, bekam er riesige Lust mitzumachen, und bald kugelte er sich mit den anderen um die Wette.

Ihr könnt es glauben: nach und nach kamen noch ein Rabe, ein Uhu, zwei Sperlinge, ein Eichhörnchen, ein Mäusepärchen, der Hamster und noch viele andere Tiere dazu und übten Kopfstehen; ja, selbst die Zwerge krochen aus ihren Höhlen und halfen mit. Und als der Mond aufging, mußte er so lachen, daß er beinahe aus seinem Wolkenschloß heruntergepurzelt wäre.

Matten hatte jetzt aber etwas Neues herausgefunden: der Rabe und der Uhu mußten je eins seiner Hinterbeine fassen und fliegend hochheben, da stand er wirklich einen Augenblick auf dem Kopf; aber beide Vögel konnten vor lauter Lachen nicht länger festhalten, so daß Matten wieder umfiel.

Nun wohnte dort im Wald ein Riese, der hatte gern seine Ruhe in der Nacht. Als der jetzt das Jauchzen, Jubeln und Lärmen hörte, trat er zornig vor die Tür seines Felsenschlosses, sah eine Weile verblüfft auf das sonderbare Treiben und schrie dann mit gewaltiger Stimme: »Meine Ruhe will ich haben, Schockschwerenot!«

Da bekamen die fleißigen Tiere einen solchen Schrecken, daß sie sich schleunigst verkrochen. Aber meint ihr, der Riese hätte sich nun schlafen gelegt? I wo! Kopfstehen hat er geübt! Doch der Mond hat's mir erzählt: er hat sich mit den Füßen an der Krone einer alten Tanne festgehalten!

Nikos Mond

Niko schläft. Über seinem Bett hängt ein Bild. Niko hat es gemalt. Ein Mond ist darauf zu sehen, ganz dick und ganz gelb. Niko schläft. Doch der Mond auf seinem Bild ist hellwach und langweilt sich.

Sehnsüchtig guckt er aus dem Fenster. Am dunklen Himmel steht der große, richtige Mond und lächelt in das Zimmer hinein.

»Wer bist denn du?« fragt er freundlich.

»Ich bin Nikos Mond«, antwortet der kleine Mond.

»Ach, lieber großer Mond, es ist so langweilig, wenn Niko schläft. Darf ich mit dir spielen?«

»Gern!« ruft der große Mond und leuchtet hell ins Zimmer hinein. Der kleine Mond klettert aus dem Bild heraus, auf die Fensterbank und – hui! – ist er schon zum großen Mond geflogen.

Die beiden haben einen Spaß miteinander! Sie spielen Packen und Verstecken zwischen den Wolken, spielen mit einem Stern-

chen Fußball und sind so richtig fröhlich.
Dann beginnt der große Mond zu gähnen. »Es wird jetzt Zeit«, sagt er, »der Tag kommt bald. Nun muß ich schlafen gehen.«
»O ja«, ruft da erschrocken der kleine Mond, »ich muß jetzt schnell zurück zu Niko, sonst wacht er auf und wird traurig, weil ich nicht bei ihm bin!«
Schnell saust er zu Nikos Fenster und klettert ins Zimmer hinein. Dort hängt das Bild an der Wand, das leere Bild, ohne Nikos Mond. Mit einem Sprung ist der kleine Mond wieder im Bild. »Spielen wir morgen wieder zusammen?« fragt er bittend den großen Mond. Doch der kann ihn nicht mehr hören, weil er schon eingeschlafen ist. Da beginnt der neue Tag. Niko wacht auf, reibt sich die Augen und lacht dem kleinen, dicken gelben Mond zu. Und der ist nun ganz still, wie es sich für einen gemalten Mond gehört.

Jemand hat mir dieses Märchen erzählt:
Es war einmal ein Schäfer, der hütete tausend Schafe. Eines Tages setzte sich ein kleiner goldener Vogel zu ihm.

Der sagte: »Schäfer, willst du dein Glück machen?« – »Und ob«, sagte der Schäfer, »wer will das nicht?« – »Dann komm mit all deinen Schafen hinter mir her«, sagte der kleine goldene Vogel und flog voraus.
Der Schäfer trieb die tausend Schafe hinter ihm her. Er trieb sie über die Wiesen und durch die Wälder, über die Berge und durch das Tal. Endlich sah er in der Ferne ein wunderschönes Schloß.

Der Schäfer dachte: »Vielleicht werde ich dort mein Glück machen.« Er trieb die tausend Schafe zur Eile an, denn er war sehr neugierig, was ihn in dem wunderschönen Schloß erwartete. Doch vorher mußte er einen Fluß überqueren. Am Ufer lag ein kleines Boot. In das gingen nur der Schäfer und ein einziges Schaf.
»Muß ich wirklich alle Schafe mitbringen?« fragte der Schäfer.
»Alle«, sagte der kleine Vogel. Da hob der Schäfer das erste Schaf ins Boot und ruderte mit ihm über

den Fluß. Er ließ es aussteigen und ruderte zurück. Dann hob er das zweite Schaf ins Boot und ruderte mit ihm über den Fluß. Er ließ es aussteigen und ruderte zurück. Dann hob er das dritte Schaf ins Boot und ruderte mit ihm über den Fluß. Er ließ es aussteigen und ruderte zurück. Dann hob er das vierte Schaf ins Boot und ruderte mit ihm über den Fluß. Er ließ es aussteigen und ruderte zurück. Dann hob er das fünfte Schaf ins Boot und ruderte mit ihm über den Fluß. Er ließ es aussteigen und ruderte zurück. Dann hob er das sechste Schaf ins Boot und ruderte mit ihm über den Fluß. Er ließ es aussteigen und ruderte zurück. Dann hob er das siebte Schaf ins Boot und ruderte mit ihm über den Fluß. Er ließ es aussteigen und ruderte zurück. Dann hob er das achte Schaf ins Boot und ruderte mit ihm über den Fluß. Er ließ es aussteigen und ruderte zurück. Dann hob er das neunte Schaf ins Boot und ruderte mit ihm über den Fluß. Er ließ es aussteigen und ruderte zurück. Dann hob er das zehnte Schaf ins Boot und ruderte mit ihm über den Fluß. Er ließ es aussteigen und ruderte zurück. Dann hob er das elfte Schaf ... Leider weiß ich nicht, wie es weitergeht. Ich habe das Märchen nicht zu Ende gehört. Ich bin vorher eingeschlafen.

Die Prinzessin auf der Erbse

Es war einmal ein Prinz, der wollte eine Prinzessin heiraten, aber es sollte eine wirkliche Prinzessin sein. Da reiste er in der ganzen Welt herum, um eine solche zu suchen, aber überall war etwas im Wege. Prinzessinnen gab es genug, aber ob es wirkliche Prinzessinnen waren, konnte er nicht herausfinden.
Immer war etwas, was nicht so ganz in Ordnung war. Da kam er denn wieder nach Hause und war ganz traurig, denn er wollte doch so gern eine wirkliche Prinzessin haben.
Eines Abends zog ein schreckliches Gewitter auf; es blitzte und donnerte, der Regen strömte herunter, es war ganz entsetzlich!

Da klopfte es an das Schloßtor, und der alte König ging hin, um aufzumachen. Es war eine Prinzessin, die draußen vor dem Tore stand. Aber, o Gott! Wie sah die von dem Regen und dem bösen Wetter aus!

Das Wasser lief ihr von den Haaren und Kleidern herunter; es lief in die Schnäbel der Schuhe hinein und an den Hacken wieder heraus. Und doch sagte sie, daß sie eine wirkliche Prinzessin sei.
›Ja, das werden wir schon erfahren!‹ dachte die alte Königin. Aber sie sagte nichts, ging in die Schlafkammer hinein, nahm alle Betten ab und legte eine Erbse auf den Boden der Bettstelle; darauf

nahm sie zwanzig Matratzen und legte sie auf die Erbse und dann noch zwanzig Eiderdaunendecken über die Matratzen. Da mußte nun die Prinzessin die ganze Nacht liegen. Am Morgen wurde sie gefragt, wie sie geschlafen habe.

»Oh, schrecklich schlecht!« sagte die Prinzessin. »Ich habe meine Augen die ganze Nacht nicht geschlossen! Gott weiß, was da im Bett gewesen ist! Ich habe auf etwas Hartem gelegen, so daß ich ganz braun und blau an meinem ganzen Körper bin! Es ist ganz entsetzlich!«
Nun sahen sie ein, daß sie eine wirkliche Prinzessin war, da sie durch die zwanzig Matratzen und die zwanzig Eiderdaunendecken hindurch die Erbse gespürt hatte. So empfindlich konnte niemand sein als eine wirkliche Prinzessin. Da nahm der Prinz sie zur Frau, denn nun wußte er, daß er eine wirkliche Prinzessin besitze; und die Erbse kam auf die Kunstkammer, wo sie noch zu sehen ist, wenn niemand sie gestohlen hat. Sieh, das ist eine wahre Geschichte.

Es war einmal ein kleines Mädchen, dem war Vater und Mutter gestorben, und es war so arm, daß es kein Kämmerchen mehr hatte, darin zu wohnen, und kein Bettchen mehr, darin zu schlafen und endlich gar nichts mehr als die Kleider auf dem Leib und ein Stückchen Brot in der Hand, das ihm ein mitleidiges Herz geschenkt hatte.

Es war aber gut und fromm. Und weil es so von aller Welt verlassen war, ging es im Vertrauen auf den lieben Gott hinaus ins Feld. Da begegnete ihm ein armer Mann, der sprach: »Ach, gib mir etwas zu essen, ich bin so hungrig.«

Es reichte ihm das ganze Stückchen Brot und sagte: »Gott segne dir's« und ging weiter. Da kam ein Kind, das jammerte und sprach: »Es friert mich so an meinem Kopfe, schenk mir etwas, womit ich ihn bedecken kann.«

Da tat es seine Mütze ab und gab sie ihm. Und als es noch eine Weile gegangen war, kam wieder ein Kind und hatte kein Leibchen an und fror: da gab es ihm seins; und noch weiter, da bat eins um ein Röcklein, das gab es auch von sich hin. Endlich gelangte es in einen Wald, und es war schon dunkel geworden; da kam noch eins und bat um ein Hemdlein, und das fromme Mädchen dachte: Es ist dunkle Nacht, da sieht dich niemand, du kannst wohl dein Hemd weggeben, und zog das Hemd ab und gab es auch noch hin. Und wie es so stand und gar nichts mehr hatte, fielen auf einmal die Sterne vom Himmel und waren lauter harte blanke Taler; und ob es gleich sein Hemdlein weggegeben, so hatte es ein neues an, und das war vom allerfeinsten Linnen. Da sammelte es sich die Taler hinein und war reich für sein Lebtag.

Es war einmal ein König. Er lebte in einer mächtigen Burg in einem großen Land. Er hatte so viel Arbeit, daß er nie Zeit für Spaß und Spiele fand. Deswegen hatte er auch keinen Freund.
Spät in der Nacht, wenn alle Bewohner des Landes schon fest schliefen, zog er sich auch in sein königliches Schlafgemach zurück. Sein Kopf war angefüllt mit Sorgen, die ihn nicht einschlafen ließen; es sei denn, er konnte ein wenig in seinem Bett hüpfen. So kletterte er auf einen der elfenbeinernen Bettpfosten und hüpfte kopfüber in die seidenen Kissen.

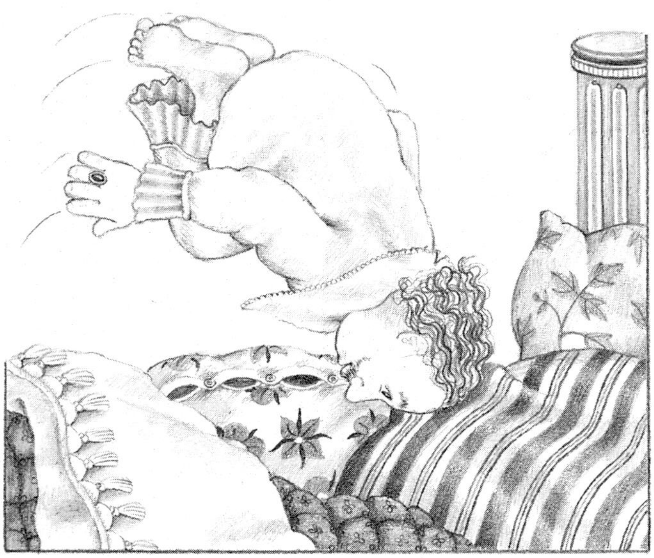

Immer und immer wieder. Eines Nachts beobachtete ihn ein neugieriger Minister durch das goldene Schlüsselloch, und am nächsten Tag wußte es das ganze Land:

Der König hüpfte nachts im Bett! Sogar die Tiere des Königs flüsterten es einander zu.
Besorgt traten Minister, Edle und Weise des Hofes zusammen. Sie beschlossen, daß es unter der Würde eines Königs sei, im Bett Purzelbäume zu schlagen. So blieb dem König nichts anderes übrig, als ein Gesetz zu unterschreiben, daß niemand im ganzen Land des nachts

im Bett hüpfen dürfe, nicht einmal der König.
Er wurde sehr traurig und wanderte ruhelos in mondhellen Nächten durch seine Parks. Er fand keinen Schlaf mehr.

Die Sorgen drückten ihn so sehr, daß er schwer erkrankte. Die weisesten und berühmtesten Ärzte wurden an sein Krankenlager gerufen, aber ihre Medizin versagte. Als die Stunde des Todes näherrückte, richtete der König eine letzte Bitte an seine Minister: »Laßt mich noch einmal hüpfen!« Behutsam wurde er auf den elfenbeinernen Bettpfosten gehoben, da er sehr schwach geworden war. Dann hüpfte der König. Während er durch die Luft flog, lächelte er. »Der König hat gelächelt!« riefen die Ärzte, und gleich durfte er ein weiteres Mal hüpfen. Dann noch einmal und noch einmal, und je öfter er hüpfte, desto fröhlicher und stärker fühlte er sich. Er sah so glücklich aus, daß plötzlich auch die Ärzte zu hüpfen begannen, danach die Minister, und zuletzt hüpfte der ganze Hofstaat. Dann hüpfte die Stadt und das ganze Volk. Alle lachten und weinten vor Freude und riefen: »Lang lebe unser König Hupf!«

Der verwandelte Schneemann

Jahreszeitengeschichten zum Nachdenken und Miterleben

Der Schnee

In alten Zeiten hat der Schnee gar keine Farbe gehabt und hat so gern eine Farbe haben wollen. Da geht er hin und bittet das Gras, es soll ihm seine Farbe geben. Das Gras lacht ihn aber höhnisch aus und sagt, er soll man weitergehen. Da geht er hin und bittet das Veilchen, das soll ihm seine Farbe geben. Das Veilchen lacht ihn auch aus und sagt: »Geh man weiter.« Da bittet er die Rose. Die Rose will aber auch nicht. Da geht er die Reihe herum zu allen anderen Blumen, aber die wollen nichts von ihm wissen und lachen ihn alle was aus.
Zuletzt kommt er zu dem Schneeglöckchen. Das Schneeglöckchen will erst auch nicht. Da wird der Schnee ganz traurig und sagt: »Dann geht mir das ja geradeso wie dem Wind. Der hat auch keine Farbe und brüllt und bläst bloß. Den kann auch niemand sehen.« Da erbarmt sich das Schneeglöckchen und gibt ihm seine Farbe. So ist der Schnee weiß geworden.
Seither ist der Schnee all den anderen Blumen gram und läßt sie erfrieren. Bloß das Schneeglöckchen, das friert nie, das schont der Schnee.

Der verwandelte Schneemann

Mitten in einer abgelegenen Wiese stand einsam ein Schneemann. Der hatte sich mit einer Krähe angefreundet; und da sie beide sonst keine Gesellschaft hatten, schwatzten sie oft miteinander. Dabei erzählte die Krähe dem Schneemann vom Frühling, und das tat sie mit solcher Begeisterung, daß der Schneemann ordentlich Sehnsucht nach dieser schönen Jahreszeit bekam.

Eines Tages sagte er zur Krähe: »Weißt du was: Wenn es Frühling ist, werden wir zusammen über die Wiese spazieren. Dann zählen wir die Blumen, von denen du so schwärmst!«
»Blödsinn«, schnarrte der schwarze Vogel. »Im Frühjahr wirst du schmelzen und als Wasser im Boden versickern. Das passiert allen Schneemännern. Der Frühling macht keine Ausnahme.«
»Auch nicht, wenn ich ihn herzlich darum bitte?« fragte der Schneemann.
»Auch dann nicht!« antwortete der Vogel sehr bestimmt.
Da kullerten Tränen aus den Kohlenaugen des Schneemannes. Sie rannen ihm über die weißen Wangen und gefroren auf der Brust,

wo sie wie zwei Perlenschnüre anzusehen waren.
Das rührte die Krähe. Sie dachte einen Augenblick nach und sagte schließlich: »Ich will dem Frühling entgegenfliegen. Vielleicht macht er bei dir doch eine Ausnahme.«
Ehe der Schneemann dem Vogel danken konnte, war er schon aufgeflattert und davongeflogen. Nach Süden.
Schon am nächsten Tag traf die Krähe den Frühling und trug ihm ihre Bitte vor.
Leider hat auch der Frühling nicht die Macht, mitten in einer blumenreichen, warmen Maiwiese einen Schneemann stehenzulassen. Aber dafür hat der Frühling immer gute Laune, denn das gehört zu seinem Charakter. Außerdem ist er ein berühmter und erfolgreicher Tröster.
So sagte er zur Krähe: »Wenn der Schneemann auch schmilzt, meine Liebe, so wirst du ihn doch im nächsten Jahr wiedersehen.«
»Wieso?« fragte verblüfft der schwarze Vogel.
»Nun«, erwiderte heiter der Frühling, »er wird sich dreimal verwandeln, dann aber kehrt er zu dir zurück. Zuerst wird er schmelzen und als plauderndes Wässerchen in den Bach rinnen. Mit dem Bach läuft er in den großen See hinter den Hügeln. Dort wird er schillernde Fische sehen und Wasserpflanzen und den gefährlichen, spitzmäuligen Hecht.«

»Das wird den Schneemann freuen«, sagte die Krähe.
»Oh, er wird noch viel mehr sehen«, fuhr der Frühling fort.
»Eines Tages, vielleicht an einem heißen Julitag, wird ihn die Sonne in feinen Wasserdampf verwandeln; dann wird er aufsteigen in

den Sommerhimmel und ein Wölkchen werden. Es wird dich im Fluge begleiten; es wird unter sich das grüne Land sehen und über sich den blauen Himmel. Einmal aber wird die Wolke dem Himmel zu schwer werden. Sie wird in dicken Tropfen zurückfallen in den See, und wieder wird der verwandelte Schneemann zwischen Fischen und wehenden Wasserpflanzen sein. Doch abermals wird er zum Himmel steigen und abermals in den See zurückfallen.«

»Aber wann wird er wieder ein Schneemann sein?« fragte ungeduldig die Krähe.

»Wart's doch ab«, lächelte der Frühling. Und dann fuhr er fort: »Im Dezember, vielleicht sogar schon im November, wird der verwandelte Schneemann wieder als Wolke am Himmel treiben. Und auch diese Wolke wird dem Himmel eines Tages zu schwer werden. Dann aber wird sie nicht in Tropfen niedersinken, sondern in Flocken. Als Schnee. Und der Schnee wird auf eure abgelegene Wiese wirbeln. Und eines Tages werden Kinder kommen und einen Schneemann daraus machen. Dann hast du deinen alten Freund wieder. Aber er wird klüger sein als zuvor; denn er wird viel gesehen haben.«

»Wenn das kein Märchen, sondern Wirklichkeit ist«, sagte die Krähe, »dann wird der Schneemann keine Angst mehr vor dem Zerschmelzen haben.«

»Es ist Wirklichkeit«, lächelte der Frühling.

Da flog die Krähe zum Schneemann zurück und erzählte ihm alles, was der Frühling gesagt hatte. Und der Schneemann war getröstet und erwartete gelassen und heiter seine Verwandlungen im steigenden Jahr.

Melanie sucht den Osterhasen

Melanie malt ein Osterbild. Bunte Eier malt sie und darüber Grashalme, bis die Eier fast nicht mehr zu finden sind. Die Mama liest Zeitung, und der Papa rührt den Kuchenteig.

»Wie viele Hasen gibt es?« will Melanie wissen.

»Och«, sagt der Papa, »mindestens eine Million.«

»Und woran erkennt man den Osterhasen?«

Die Mama legt die Zeitung fort. »Der Osterhase hat bunte Pfoten«, sagt sie. »Vom Eieranmalen.«

Beim Gute-Nacht-Sagen wünscht Melanie sich was. Sie will in den Wald am Ostermorgen. Vielleicht trifft sie den Osterhasen.

»Du darfst aber nicht enttäuscht sein, wenn du ihm nicht begegnest«, sagt der Papa. »Der Bursche ist ziemlich scheu.«
Melanie nickt.
Am Ostermorgen fahren sie ganz früh los. Es ist noch still in der Stadt. Als die Sonne aufgeht, sind sie am Waldrand angekommen. Das Gras ist naß vom Tau.
»Psst!« sagt der Papa. »Leise! Wir bleiben ein Stückchen hinter dir. Vor großen Leuten erschrickt er sicher.«
Da schleicht Melanie los. Eigentlich ist sie ja ängstlich. Aber vor lauter Aufregung vergißt sie das ganz.

»Lieber, guter Osterhase«, flüstert sie, »mit der Hasen-Schnuppernase.«
Doch das Bunte im Gras sind nur Blumen.

Und was da zwischen den Sträuchern davonhuscht, ist ein Vogel.

Ganz feines grünes Moos findet Melanie und ein leeres Schneckenhaus.

Das steckt sie in die Tasche.
Einmal entdeckt sie eine Höhle.
»Bist du da drin?« fragt Melanie leise.

Doch in der Höhle liegt bloß eine alte Limodose.
Bald sind noch mehr Leute im Wald.
»Gehn wir zurück«, sagt die Mama. »Bei dem Lärm triffst du den Osterhasen sicher nicht.«
Melanie will nicht traurig sein. Sie hat ja auch das Schneckenhaus. So gehen sie zum Auto.

»Schaut!« schreit Melanie da plötzlich.
Auf der Kühlerhaube sind Pfotenabdrücke in Rot und Blau und Gelb!
»Er ist dagewesen – der Osterhase!«
Und auf dem Rücksitz des Autos findet sie wahrhaftig ein Nest mit bunten Eiern.

Muttertag

Ich halte nichts vom Muttertag, weißt du«, sagt Mama beim Sonntagsfrühstück eine Woche vorher. »Einmal im Jahr ein Geschenk für mich, und die restlichen 364 Tage seid ihr dann wieder so frech, wie ihr mögt. Seid lieber das ganze Jahr über zwei liebe kleine Mädchen, dann braucht ihr mir nächsten Sonntag gar nichts zu schenken.«
Jenny denkt, daß sie sich das merken will, aber am Freitag schließt Papa doch ihr Sparschwein auf, das in Wirklichkeit ein Spareichhörnchen ist, und holt fünf Mark heraus.
Dann legt er den Finger auf die Lippen. »Psst, nichts verraten!« sagt er. »Und davon kaufst du morgen früh ein schönes Geschenk für Mama.«
Jenny schüttelt den Kopf. »Das ist aber mein Geld, du«, sagt sie. »Das hat Oma Elli *mir* geschenkt.«
Das stimmt. Immer wenn Oma Elli zu Besuch kommt, gibt sie Jenny ein silbernes Geldstück, und dann paßt sie auf, wie Jenny es im Eichhörnchen verschwinden läßt. Sonst kommt sie vielleicht noch auf den Gedanken, Kaugummi und Bonbons dafür zu kaufen.

Aber später, sagt Oma Elli, wird Jenny sich einmal freuen, weil dann nämlich ganz viel Geld in ihrem Sparschwein ist und sie sich ein richtiges Go-Cart dafür kaufen kann oder ein elektrisches Fernlenkauto. Elektrische Fernlenkautos findet Jenny gut.

Und nun soll sie plötzlich Geld aus ihrem Sparschwein herausnehmen, um Mama etwas zum Muttertag zu kaufen, und dabei hat Mama doch extra gesagt, daß sie gar nichts will.

»Aber Mama möchte doch viel lieber, daß ich ein liebes kleines Mädchen bin, Papa«, sagt Jenny.

»Steck das Geld mal zurück, du.«

»Zum Muttertag schenken Kinder ihrer Mutter was, das gehört sich so«, sagt Papa.

Am Sonnabendmorgen geht immer Papa mit Jenny einkaufen, damit Mama in Ruhe die Wohnung aufräumen kann.

»Nun guck mal, ob du was Schönes zum Muttertag findest«, sagt Papa, als sie beim Supermarkt ankommen. »Du darfst auch ganz alleine aussuchen.«
Dann kauft Papa für Mama eine ganz riesengroße Schachtel Pralinen mit Schleife aus dem Ständer gleich neben der Kasse,

und eine ganz kleine Pralinenschachtel kauft er auch noch, die soll Lisa Mama geben.

Jenny sucht auch schöne Pralinen für Mama aus,

ganz in glänzendem Rosa, aber die kriegt sie nicht für ihr Geld, und die schwarze Schachtel, die sie dann will, kriegt sie auch nicht dafür. Da muß sie so eine kleine, langweilige, braune nehmen, die richtig doof ist, und deshalb redet Jenny auf dem ganzen Nachhauseweg kein Wort mit Papa.
Am nächsten Morgen kocht Papa den Kaffee, und Jenny und Lisa helfen ihm. Mama schläft und schläft und wacht nicht auf.
Da müssen sie sie doch tatsächlich wecken, und das ist sonst überhaupt noch nie vorgekommen.
»Herzlichen Glückwunsch zum Muttertag!« sagt Papa und gibt Mama einen Kuß aufs Haar. Dann gibt er ihr die ganz große Schachtel.
»So schöne Pralinen!« sagt Mama. »Das ist aber lieb! Vielen, vielen Dank, da freue ich mich aber wirklich!«
Dann hebt Papa Lisa auf Mamas Bett, damit sie ihr Geschenk abgibt, und Lisa schreit und hält die kleine Schachtel fest.
»Nein, nein!« schreit sie und trampelt mit den Füßen. »Haben! Lisa Lade haben!« Aber schließlich schafft Papa es, sie ihr wegzunehmen, und Mama tröstet die schreiende Lisa und sagt, daß sie sich auch über ihre kleine Schachtel ganz doll freut, vielen, vielen Dank.

Dann muß Jenny zum Bett gehen. »Von mir kriegst du was Gutes«, sagt sie vorsichtig und zieht langsam ihre braune Schachtel hinter dem Rücken hervor. Die Schachtel ist ganz leicht.
»Was du dir gewünscht hast, Mama.«
Mama guckt auf die kleine, langweilige braune Schachtel in Jennys Hand und lächelt. »Pralinen! Wie schön!« sagt sie.
»Nee, Pralinen nicht«, sagt Jenny. »Aber die Schachtel noch«, und die gibt sie Mama jetzt auch. Die Pralinen sind seit gestern abend in ihrem Bauch. Und als Mama nur immer guckt und wartet und gar nicht vielen Dank sagt, sagt Jenny: »Die gibt's nur dazu. Aber richtig kriegst du, was du dir gewünscht hast. Du kriegst ein liebes, kleines Mädchen von mir.«
Jenny ist wirklich froh, daß sie daran gestern abend noch gedacht hat. Sonst hätte Mama heute tatsächlich von allen Pralinen gekriegt. Und kein einziges liebes kleines Mädchen. Und das wäre doch nicht richtig gewesen.

Der Geburtstagsbrief

Meine Großmama hat Geburtstag. Ich muß ihr einen Brief schikken und gratulieren.
Jetzt glaubt ihr vielleicht, ich kann schon einen richtigen Brief schreiben. Das kann ich nicht. Aber malen kann ich. Alles, was ich meiner Großmama wünsche, male ich ihr: eine Geburtstagstorte mit Lichtern und einen großen Rosenstrauß. Rosen sind ihre Lieblingsblumen. Darunter schreibe ich: *Klaus.*
Dann bringe ich den Brief zum Briefkasten. Unterwegs fällt mir ein: von einem gemalten Blumenstrauß hat die Großmama nicht viel. Eine richtige Rose wäre besser! Bei Irmi im Garten wachsen welche...
Ich habe erst den Brief und dann die Rose in den Kasten geworfen. Vati sagt: der Brief kommt sicher an. Aber die Rose wird der Briefträger behalten.

Kaspers falscher Geburtstag

Kaspers Lieblingstag im ganzen Jahr war sein Geburtstag. Das ganze Jahr über ging er seiner guten Oma auf die Nerven und fragte mindestens einmal am Tag oder meistens fünfmal: »Bitte und wie lange und wie oft und wieviel Mal muß ich noch schlafen, liebe Oma, bis ich Geburtstag habe, oder hab' ich das schon gefragt?«

»Das hast du gestern schon elfmal gefragt und heute schon dreimal. Ich kaufe dir morgen einen Kalender, und den hängst du dir über das Bett, und dann kannst du selbst zählen, du dummer Junge.«

Am Geburtstag nämlich bekam er von der lieben Oma einen Kuchen und von der lieben Gretel auch einen Kuchen und von der Tante Erni auch einen Kuchen, weil Kuchen seine Leibspeise war.

Also gut. Am nächsten Tag brachte die Oma ihm aus der Buchhandlung einen Kalender mit und machte auf dem Blatt, wo er Geburtstag hatte, einen roten Punkt.

»Jeden Tag, wenn du aufstehst«, sagte sie, »mußt du ein Blatt abreißen. Und wenn du zählen könntest, könntest du auch die Tage bis zu deinem Geburtstag zählen. Aber du kannst ja nicht zählen.«

Er konnte nämlich nicht zählen.
»Und wenn du lesen könntest, bräuchte ich keinen roten Punkt hinzumalen, weil du's dann lesen könntest, nämlich hier oben August. In der Mitte 19 und unten Montag.«
Aber er konnte nicht lesen.
In den ersten drei Tagen saß der Kasper den ganzen Tag vor seinem Kalender und wartete, ob so ein Blatt vielleicht von alleine abfiele. So wie die Blätter im Herbst von den Bäumen fallen. Dann hätte er sich einen Tag Warten gespart.
Aber es fiel keines herunter.
In der Nacht versuchte er, besonders tief und fest zu schlafen, weil er meinte, er könne dadurch in einer Nacht den Schlaf von zwei Nächten schlafen und sich dadurch einen Tag Warten ersparen.
Aber nein. Wenn er aufwachte, war wieder nur eine Nacht herum.
Er ging den ganzen Tag herum und überlegte, wie er besonders schlau die Zeit verkürzen könnte, denn bis zum roten Punkt waren es noch viele Kalenderblätter.
Und dann hatte er's!
Eines Tages stand er schon eine Stunde früher auf als die Oma; denn geheime Taten müssen im Morgengrauen getan werden. Und dann riß er alle Blätter säuberlich und einzeln herunter, denn die Oma hatte doch gesagt: »Wenn der Tag mit dem roten Punkt auf dem Kalender ist, dann hast du Geburtstag.«
Riß sie also bis zum Tag mit dem roten Punkt ab, weckte die Oma und sagte, er habe heute Geburtstag.

Man kann sich denken, was war. Nämlich nichts. Die Oma hat's gemerkt. Weil sie selber auch einen Kalender hatte, und da stand es drauf.

Den Mond überholen

Tausend Kilometer weit fahren müssen Petra und Niels, wenn sie ihre Großeltern besuchen wollen. Beim Einsteigen neulich in das Auto freuten sie sich sehr, und auch den ersten Teil der Reise fanden sie noch ganz lustig.
Aber irgendwann hatten sie alle Autospiele gespielt und

die Kekse und das Obst gegessen

und den Pfefferminztee getrunken,

sie hatten einige Male Rast gehalten und beim Fahren auf dem Rücksitz geschlafen. Mutter und Vater hatten sich am Steuer abgelöst – und es wurde Mittag, es wurde Nachmittag, es wurde dämmrig, es wurde dunkel, sie fuhren und fuhren und waren immer noch nicht am Ziel. Petra war es furchtbar fad auf dieser langen, langweiligen Strecke, sie wäre am liebsten nie mehr gefahren.
Niels schaute aus dem Seitenfenster schräg in die Höhe in die Dunkelheit hinein.
»Was siehst du denn so Spannendes?« fragte Petra grantig, »daß du andauernd nach draußen starrst?«
»Der Mond spielt mit uns«, sagte Niels, »er begleitet uns am Himmel.« – »Phhh«, machte Petra. Sie fand solchen Kinderkram albern, wie Niels ihn da erzählte. »Der Mond ist viel zu groß und viel zu weit weg. Ausgerechnet mit uns soll er spielen, phhh.«
In diesem Moment fuhren sie durch einen dichten Fichtenwald. Der Mond verschwand. »Du hast ihn geärgert«, sagte Niels. »Siehst du, er hat sich versteckt.«

Aber da verließen sie den düsteren Wald, und der Mond war wieder da. Er schwebte am Himmel vor ihrem Auto her, er tanzte über den Dächern der Dörfer, er blinzelte ihnen entgegen, wenn sie einen Berg hinaufgefahren waren, er ließ die Felder seltsam leuchten, die links und rechts der Straße lagen. »Fahr bitte schneller«, sagte Niels zu seinem Vater, »vielleicht können wir den Mond überholen.« Petra machte nicht mehr »phhh«. Sie wartete auch gespannt, ob es ihnen wohl gelingen würde, den Mond zu überholen. Vor der nächsten Stadt? Der Mond war längst als erster da. Vor dem nächsten Wald? Der Mond schien schön und voll vor ihnen. »Noch zehn Minuten Autobahn, dann haben wir's geschafft«, erklärte die Mutter. Schnurgerade zog sich die Autobahn vor ihnen hin, der Mond blieb ruhig an seinem Platz vor ihnen dicht über dem Horizont. Nein, sie würden es kaum schaffen, ihn zu überholen. »Paßt auf, gleich sind wir da«. Der Vater steuerte den Wagen über eine Ausfahrt von der Autobahn, er fuhr eine lange, lange, lange Kurve – und als die Kurve zu Ende war, rief Niels fröhlich: »Jetzt haben wir den Mond doch überholt!« Tatsächlich. Der Mond schimmerte nun durch das Rückfenster des Autos, blieb hinter ihnen fern am Himmel. Hatte er mit Niels und Petra gespielt oder nicht? Kann denn jemand mit dem Auto den Mond überholen?

Eine Apfelgeschichte

Zwei Kinder haben in einem ganz fremden Garten hoch oben an einem Apfelbaum vier knallrote Äpfel gesehen. Die Kinder haben gedacht:
Die vier hat man vergessen zu pflücken. Aber jetzt sind sie schön reif, und sie schmecken sicherlich gut. Wir wollen sie holen, dann bekommt jeder zwei.
Die Kinder sind durch die Hecke in den Garten gekrochen, und dann haben sie vorsichtig nach rechts und nach links geschaut. Es war aber niemand zu sehen.
Die Kinder sind zu dem Baum gerannt und haben versucht, ihn zu schütteln. Doch der Apfelbaum hat sich nicht schütteln lassen. Jetzt wollten die beiden hinaufklettern. Aber der Apfelbaum ist kein Baum zum Klettern gewesen. Da haben die Kinder Steine gesucht, und sie haben damit nach den Äpfeln geworfen. Aber die Äpfel sind nicht heruntergekommen. Nur der Mann ist gekommen, der, dem der Garten gehört hat. Er hat plötzlich im Garten gestanden und einen langen Stock in der Hand gehabt.
»He, ihr!« hat der Mann laut gerufen.
Die Kinder sind so erschrocken gewesen, daß sie nicht weglaufen konnten. Der Mann ist mit großen und sehr schnellen Schritten näher gekommen. Er hat seinen Stock durch die Luft zischen lassen und zu den Kindern gesagt: »Wartet ihr beiden, ich...«
Angeführt! Angeführt!
»Ich helfe euch«, hat der Mann zu den Kindern gesagt. Dann hat er mit dem Stock an die Apfelbaumzweige geschlagen, und die Äpfel sind auf den Rasen gefallen.

Der Flug mit dem Drachen

Lies und Len hatten jede einen Drachen zum Geburtstag bekommen, Lies einen gelben und Len einen roten. Gleich mußte der Vater mit ihnen hinaus vor die Stadt, weil Lies und Len ihre Drachen fliegen lassen wollten.
Es wehte ein starker Wind, und der Vater sagte: »Wir wollen erst nur einen Drachen steigen lassen.«
So ließen sie zuerst Lies' Drachen fliegen. Und der Drachen stieg immer höher und höher, und Lies rollte immer mehr Schnur ab, bis die Schnur plötzlich zu Ende war. Da gab es einen Ruck, und Lies flog davon. Sie hielt sich an dem Ende der Schnur ganz fest, und der Drachen zog sie immer höher und höher in die Luft.
Da ließ der Vater schnell den zweiten Drachen steigen, und Len hielt sich an ihrem Drachen fest und flog mit in die Luft. Und Len flog nun immer hinter Lies her, und der Vater hielt die Schnur ganz fest. Schließlich kriegte Len ihre Schwester zu fassen, und da zog der Vater sie alle beide an der Schnur wieder auf die Erde.
»Schade«, sagte Lies, »daß du uns so schnell wieder heruntergezogen hast, ich hätte so gern einmal gesehen, wie es über den Wolken aussieht.«

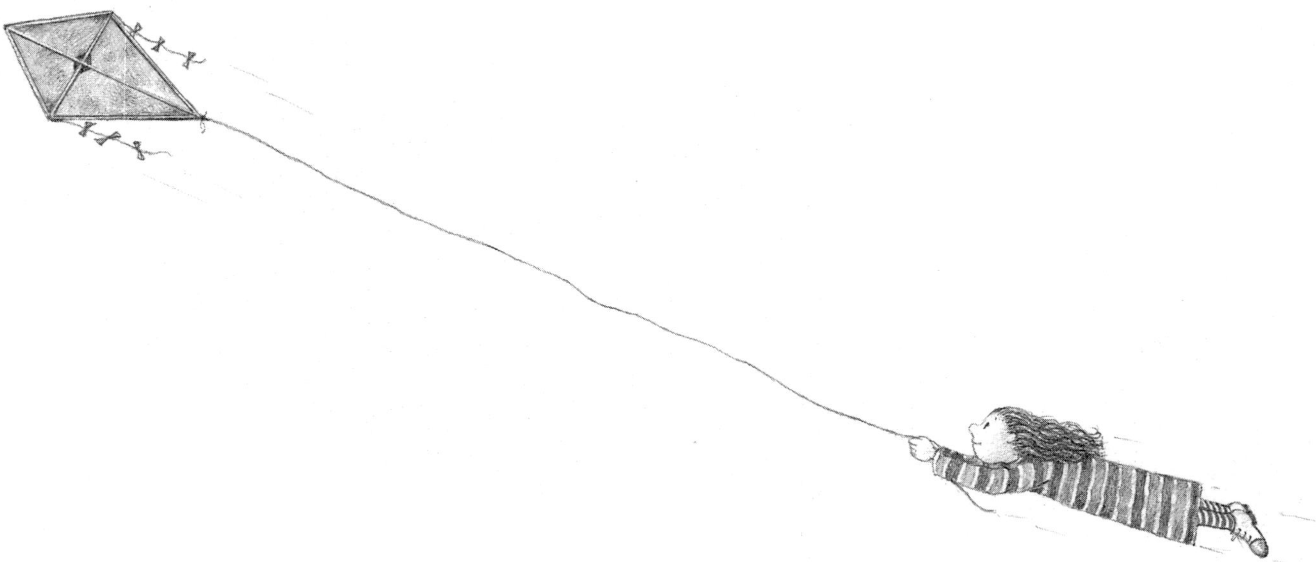

Jakob wartet auf Weihnachten

Die Mutter zündet die erste Kerze auf dem Adventskranz an. Jakob schaut in den Kerzenschein.
»Warum muß man so lange auf das Christkind warten?« fragt er.
»Vier große Kerzen lang?«
»Auf etwas Schönes muß man meistens warten«, sagt die Mutter.
»Etwas Schönes braucht Zeit zum Wachsen. Zum Beispiel, bis ein Kind geboren wird. Damals haben die Menschen lange Zeit auf die Geburt des Christkinds gewartet.
›Wann kommt es denn endlich?‹ haben sie gefragt. Auch die Mutter Maria hat viele Monate lang gewartet, bis sie das Christkind zur Welt bringen konnte.«
»Hast du auf mich auch so lang warten müssen?« fragt Jakob.
»Ja freilich«, sagt die Mutter.
»Dafür war ich dann schön, und du hast dich gefreut«, sagt Jakob.
»Sehr gefreut«, sagt die Mutter.
Jakob schaut wieder in den Kerzenschein.
»Miteinander warten ist nicht so arg«, sagt er.

Der Nikolausstiefel

Es war zu einer Zeit, da gab es den Nikolaus zwar schon, aber er war noch nicht *der* Nikolaus, sondern er hieß einfach Nikolaus. Das war damals ein ganz gebräuchlicher Vorname wie heute zum Beispiel Klaus, was ja nichts anderes ist als die Abkürzung von Nikolaus.
Der Nikolaus wanderte eines Tages, es war übrigens der 6. Dezember vor ganz, ganz vielen Jahren, in einen tiefen verschneiten Wald.
Es war so kalt, daß sich an seinem Bart richtige Eiszapfen bildeten.
Der Nikolaus trug einen dicken, warmen, roten Wintermantel sowie pelzgefütterte Stiefel. Damit seine Ohren nicht kalt würden, hatte er eine große, rote Mütze übergezogen.
Wie er so mit großen Schritten durch Eis und Schnee stapfte, traf er plötzlich ein kleines, halberfrorenes Kind, das ganz allein durch den düsteren Schneewald lief und jämmerlich weinte.
»Warum weinst du denn so?« fragte Nikolaus. Das Kind schluchzte: »Beim Spielen im Wald habe ich meine Freunde verloren, und

jetzt kann ich den Weg nach Hause nicht mehr finden. Und außerdem...«, es brach in neues Weinen aus, »...und außerdem habe ich Angst, nach Hause zu gehen!«
Das Kind schlug die Augen zu Boden, und erst jetzt sah der Nikolaus, daß es nur einen Stiefel anhatte; das andere Füßchen war barfuß und schon ganz blau vor Kälte. »Ich habe nämlich meinen anderen Stiefel verloren«, sagte das Kind, »und wenn mein Vater das hört, bekomme ich Schläge. Er kann mir keine neuen Stiefel kaufen, denn wir sind sehr arm!«
»Wie ist es denn passiert, daß du den einen Stiefel verloren hast?« wollte Nikolaus wissen.
»Ich hatte mich ja verlaufen, und plötzlich war der Weg zu Ende. Vor mir war ein tiefer Graben. Da bekam ich Angst und bin in meiner Not einfach über den Graben gesprungen. Als ich auf der anderen Seite landete, bin ich so tief im Schnee eingesunken, daß der eine Stiefel steckenblieb. Ich konnte nur noch den Fuß herausziehen. Dann habe ich versucht, den Stiefel herauszuholen, aber er saß zu fest.« Das Kind begann wieder zu weinen.
Dem Nikolaus tat das frierende Kind leid. Er hob es in seine Arme und wickelte es in seinen roten Mantel, so daß nur noch sein kleines Köpfchen herausschaute. Mit dem Kind in seinen Armen setzte er dann seinen Weg durch den tief verschneiten Wald fort.
Das Kind war so erschöpft, daß es sehr bald einschlief. Nikolaus lächelte, und aufmerksam schaute er nach dem Graben aus, von dem das Kind gesprochen hatte.

Als das Kind nach einiger Zeit von Nikolaus geweckt wurde, glaubte es seinen Augen nicht zu trauen. In dem mittlerweile dunklen Wald stand auf einem kleinen Schneehügel eine brennende Kerze, und in dem geheimnisvoll flackernden Licht sah das Kind – ja was wohl? Den verlorenen Stiefel!
Nikolaus hatte ihn gefunden und ausgegraben. Aber in dem Stiefel war kein Schnee – den hatte Nikolaus herausgeklopft. Der Stiefel war bis oben hin gefüllt mit Nüssen, Apfelsinen und Lebkuchen, die Nikolaus als Wegzehrung dabei gehabt hatte und die er nun dem hungrigen Kind schenkte. Das Kind war so glücklich und dankbar, daß es den Nikolaus einlud, mit zu ihm nach Hause zu kommen.
Das tat der Nikolaus, und er kam jedes Jahr wieder, besuchte das arme Kind und brachte ihm jedes Mal einen Stiefel voller Süßigkeiten mit.
Als der Nikolaus sah, wie sehr sich das Kind darüber freute, beschloß er, allen Kindern der Erde eine solche Freude zu machen. Seitdem kennt man ihn als *den* Nikolaus, und der 6. Dezember ist der Nikolaustag. Und als Erinnerung an die Begegnung mit dem Kind im Wald steckt der Nikolaus seine Geschenke auch heute noch in Stiefel.

Wie die Christrose entstand

In der Heiligen Nacht sprachen die Hirten zueinander: »Kommt, lasset uns nach Bethlehem gehen und sehen, was da geschehen ist!« Und sie machten sich eilends auf. Jeder nahm ein Geschenk mit: Butter und Honig, einen Krug mit Milch, Wolle vom Schaf und ein warmes Lammfell.
Nur ein Hirtenknabe hatte nichts zum Schenken. Er suchte auf der Winterflur nach einem Blümchen. Er fand keins. Da weinte er, und die Tränen fielen auf die harte Erde. Sogleich sprossen aus den Tränen Blumen hervor, die trugen Blüten wie Rosen. Fünf Blütenblätter, zart und weiß, standen zum Kelch zusammen, daraus ein Kranz von goldenen Staubgefäßen gleich einer Krone hervorleuchtete. Voll Freude pflückte der Knabe die Blumen und brachte sie dem göttlichen Kind in der Krippe.
Seit der Zeit blüht diese Blume jedes Jahr in der Weihnacht auf, und die Menschen nennen sie Christrose.

Die Geschichte vom verreisten Weihnachtsbraten

Pummel saß in seinem Stall und knabberte behaglich eine gelbe Rübe. Pummel war ein Kaninchen. Es war hübsch. Es hatte ein weißes Fell und rote Augen und rosige Ohren. Jeden Tag legte ihm der Mann Rüben und Kartoffeln und Kohlblätter in den Stall. Er strich ihm über das zarte Fell und sagte: »So! Jetzt friß nur tüchtig, damit du noch größer wirst. Du sollst ja unser Weihnachtsbraten werden!«
Und Pummel stellte jedesmal die Ohren kerzengerade und hörte genau zu. Dann fraß das Kaninchen fröhlich die gelben Rüben und Kartoffeln.
Am Tag vor Weihnachten wollte der Mann Pummel aus dem Stall holen. Aber was war das? Der Stall war leer. Der Mann steckte den Kopf in den Stall. Er suchte in allen Ecken. Er wühlte im Stroh herum, aber Pummel war verschwunden.
Da sah er einen Zettel im Futternapf liegen. Er lief damit ins Haus, setzte seine Brille auf und las: »Bin verreist. Komme nach den Feiertagen zurück. Frohe Weihnachten! Pummel.«
Drei Tage nach Weihnachten stand ein großes Paket vor der Tür. Der Mann machte es auf. Und wer saß darin?
Pummel! Ein Zettel lag auch dabei. Der Mann setzte wieder seine Brille auf und las:
»Ich war bei meinen Hasenfreunden. Wir haben Weihnachten gefeiert. Es war sehr schön. Ich hoffe, ich habe euch nicht gefehlt!«
Der Mann kratzte sich hinterm Ohr. Er strich Pummel über das zarte Fell und die rosigen Ohren. Dann setzte er das Kaninchen wieder in den Stall und brachte ihm die dicksten Rüben.
Und im Sommer durfte es im Garten herumhoppeln und sich die süßesten Gräser und den saftigsten Kohl aussuchen. Und wenn es noch nicht gestorben ist, so lebt es heute noch von den gelben Rüben und Kartoffeln des Mannes.

Die Erfindung des neuen Jahres

Herr Bubbelkühm, der ein Erfinder ist, lebt ganz bescheiden im Hinterhaus. Seine Tochter Flämmchen mit den blumenstengeldünnen Beinen und dem kleinen Strohhut lebt bei ihm. Und dazu noch der Kater Mollibum.

Morgens zieht Herr Bubbelkühm seine Erfinderhosen an, dann beginnt er zu arbeiten. Viele großartige Dinge hat er schon erfunden: eine Buchseitenumdrehmaschine

und sogar einen künstlichen Hund. Heute aber ist Herr Bubbelkühm traurig, denn es will ihm gar nichts Neues einfallen.
»Mach doch mal viereckige Seifenblasen«, meint Flämmchen.
Doch, soviel sich Herr Bubbelkühm auch bemüht, die Seifenblasen werden alle rund. Da läßt er sie im Zimmer umherschweben.
»Ach«, seufzt er und schaut zum Fenster hinaus.
Als er sieht, wie die Leute frieren, beschließt er, einen Warmluftpuster zu bauen. Zum Mitnehmen, wenn man spazierengeht!
Flämmchen schaut zu. Sehr schön wird der Warmluftpuster, aber leider wird er auch ziemlich groß, und so ist er nicht recht praktisch.
»Heute will mir nichts gelingen«, sagt Herr Bubbelkühm, »und dabei ist der Tag schon fast zu Ende.«
Ein bißchen bunten Schnee erfindet er noch und rotbackige Plastikäpfel.
»Äpfel, die man nicht essen kann, sind blöd«, sagt Flämmchen.
Da stützt Herr Bubbelkühm seinen Kopf in die Hände und denkt in sich hinein.

»Warum ist es eigentlich so still?« fragt er plötzlich.
»Ich weiß es!« ruft Flämmchen. »Das alte Jahr geht zu Ende.«
»Und wenn es zu Ende gegangen ist?« fragt Herr Bubbelkühm erschreckt. »Ich muß ein neues Jahr erfinden! Schnell!«
Er dreht ein bißchen an seiner Erfindermaschine und überlegt.
»Ein Jahr besteht aus Frühling, Sommer, Herbst und Winter«, grübelt er.
Für den Frühling fächelt er die Seifenblasen oben in den Trichter hinein, für den Sommer pustet er fünf Pfund warme Luft hinterher, die Plastikäpfel sind für den Herbst, und aus dem bunten Schnee soll ein richtiger Winter werden.
»Achtung!« schreit Herr Bubbelkühm und stellt die Maschine ein. Flämmchen sitzt vorsichtshalber oben auf dem Schrank.
Es knurrt und zischt, dann entsteht eine riesige Wolke, und zum Schluß gibt es einen furchtbaren Knall.
Weit reißt Herr Bubbelkühm das Fenster auf. Da läuten draußen die Glocken, und die Nacht ist hell vom Feuerwerk.
»Es ist gelungen!« schreit Flämmchen. »Das neue Jahr ist da! Und mein Papa hat es erfunden!«
»Hoffentlich wird es ein gutes Jahr«, sagt Herr Bubbelkühm.

Quellenverzeichnis

Für die Erlaubnis zum Abdruck folgender Beiträge danken wir den Autoren und Verlagen:

Katrin Arnold, *Den Mond überholen,* S. 82, © bei der Autorin

Kirsten Boie, *Muttertag,* S. 75, aus: »Jenny ist meistens schön friedlich«, © Verlag Friedrich Oetinger, Hamburg 1988

Elisabeth Borchers, *Die Geschichte von dem kleinen Mädchen, das sich einen Brief wünschte,* S. 10, aus: »Briefe an Sarah«, © Insel Verlag, Frankfurt am Main 1977

Wolfram Eicke, *Der Nikolausstiefel,* S. 87, © Verlag Heinrich Ellermann, München

Josef Guggenmos, *Warum die Enten so breite Schnäbel haben,* S. 34, aus: »Warum-Wieso-Weshalb-Geschichten«, Georg Bitter Verlag, Recklinghausen 1992. © beim Autor

Alfred Hageni, *Die Geschichte vom Mäusekonzert,* S. 30, *Die Geschichte vom verreisten Weihnachtsbraten,* S. 91, © beim Autor

Hanna Hanisch, *Der Zauberer und sein Sohn,* S. 18, *Das blaue Kuschelkissen,* S. 48, © bei der Autorin

Heinrich Hannover, *Der Flug mit dem Drachen,* S. 85, © beim Autor

Helme Heine, *König Hupf der Erste,* S. 64, © Verlag Neugebauer Press, Salzburg

Else Holmelund Minarik, *Der kleine Bär fliegt zum Mond,* S. 40, aus: »Der kleine Bär«, © Verlag Sauerländer, Aarau

Janosch, *Kaspers falscher Geburtstag,* S. 80, © beim Autor

Otto Königsberger, *Die Geschichte Rosa,* S. 42, aus: »Kinderland, Zauberland«, © 1967 Georg Bitter Verlag, Recklinghausen

Hildegard Krahé, *Die kleine rote Henne und die Weizenkörner,* S. 36, aus: »Ich reise nach Amerika«, Verlag Heinrich Ellermann, München. © für die Übersetzung: Hildegard Krahé

James Krüss, *Der verwandelte Schneemann,* S. 69, © beim Autor

Rosemarie Künzler-Behncke, *Laura weiß was Wichtiges,* S. 13, aus: »Laura legt los«, © Verlag Heinrich Ellermann, München 1993

Mira Lobe, *Der Geburtstagsbrief,* S. 79, © bei der Autorin

Hans Manz, *Schnuppernasengesicht,* S. 24, aus: »Der große Zwerg. Lesebuch 2.Klasse Kanton Zürich«, © beim Autor

Lene Mayer-Skumanz, *Jakob wartet auf Weihnachten,* S. 86, aus: Josef Dirnbeck, »Der Engel Blasius«, © Veritas Verlag, Linz

Tilde Michels, *Sieben suchen sieben Sachen,* S. 14, © bei der Autorin

Vilma Mönckeberg, *Der Schnee,* S. 68, aus: »Die Märchentruhe«, © Verlag Heinrich Ellermann, München

Frauke Nahrgang, *Oma und ich,* S. 22, © bei der Autorin

Helga Pikora, *Nikos Mond,* S. 56, © bei der Autorin

Dušan Radovič, *Die Geschichte von den Affen,* S. 29, aus: »Dichter Europas erzählen«, © Middelhauve Verlag Köln und Zürich 1972

Margret Rettich, *Das Einschlafmärchen,* S. 58, © bei der Autorin

René Rilz, *Katze und Mann im Baum,* S. 33, © beim Autor

Gina Ruck-Pauquèt, *Melanie sucht den Osterhasen,* S. 72, *Die Erfindung des neuen Jahres,* S. 92, © bei der Autorin

Ursel Scheffler, *Der vergeßliche Löwe,* S. 45, *Der Polarbär reißt aus,* S. 51, © bei der Autorin

Alfons Schweiggert, *Die Geschichte vom Wintermond,* S. 50, © beim Autor

Elisabeth Stiemert, *Eine Apfelgeschichte,* S. 84, © bei der Autorin

Gerda Wagener, *Pia backt Kuchen,* S. 12, © bei der Autorin

Ursula Wölfel, *Die Geschichte vom Reisekind,* S. 8, *Die Geschichte von den Rosinenbrötchen,* S. 21, aus: »28 Lachgeschichten«, *Die Geschichte vom Vater, der die Wand hochging,* S. 17, aus: »29 verrückte Geschichten«, *Die Geschichte vom Hasen mit den großen Ohren,* S. 44, *Die Geschichte von der Nachtente,* S. 49, aus: »27 Suppengeschichten«, © Hoch Verlag, Stuttgart–Wien

Winfried Wolf, *Der kleine Riese,* S. 9, *Warum die Eisbären schwarze Nasen haben,* S. 28, aus: »Warum die Eisbären schwarze Nasen haben«, Otto Maier Verlag, Ravensburg, © beim Autor

Illustration von Charlotte Voake

Was kleine Riesen besonders gern lesen

Löwe, Hase & Co
27 Fabeln modern erzählt für Kinder, Eltern & Co.
Aus dem Englischen von Tilde Michels.
Ill. von Charlotte Voake.

Die Märchentruhe
110 Märchen aus Deutschland und der ganzen Welt,
hrsg. von Vilma Mönckeberg,
mit Farbtafeln von Lilo Fromm.

Das goldene Schloß
45 Märchen zum Lachen und Nachdenken,
hrsg. von Vilma Mönckeberg,
mit Farbtafeln von Lilo Fromm.

Der Bärendoktor hilft bestimmt!
Allerlei Trostpflästerchen und
Lesepillen für kranke Kinder,
hrsg. von Dorothée Kreusch-Jacob.
Ill. von Hans Poppel.

Da hüpft der Frosch den Berg hinauf
Krabbelverse und Fingerspiele,
hrsg. von Dorothée Kreusch-Jacob.
Ill. von Hans Poppel.

Das Liedmobil
Spiel-, Spaß- und Traumlieder,
hrsg. von Dorothée Kreusch-Jacob.
Ill. von Hans Poppel.

Der fliegende Trommler
27 Märchen aus aller Welt erzählen
vom Zauber der Musik.
Hrsg. von Dorothée Kreusch-Jacob.
Ill. von Renate Seelig.

Rosen, Tulpen, Kieselstein – komm, wir wollen Freunde sein
Ein Buch rund ums Liebhaben, Wünschen
und Festefeiern,
hrsg. von Dorothée Kreusch-Jacob.
Ill. von Renate Seelig.

Heut nacht steigt der Mond übers Dach
Ein Gutenachtbuch,
hrsg. von Dorothée Kreusch-Jacob.
Ill. von Renate Seelig.

Ellermann Verlag